真宗学シリーズ 9

真宗聖典学④

正信念仏偈

信楽《しがらき》峻麿《たかまろ》

法藏館

真宗聖典学④正信念仏偈　真宗学シリーズ9＊目次

凡　例

一、引用文献、および本文の漢字は、常用体のあるものは、常用体を使用した。

一、引用文献は、以下のように略記する。

『真宗聖教全書』……………………「真聖全」
『大正新修大蔵経』…………………「大正」
『恵心僧都全集』……………………「恵心全集」
『昭和新修法然上人全集』…………「法然全集」
『親鸞聖人全集』……………………「親鸞全集」

真宗聖典学④

正信念仏偈

真宗学シリーズ9

装丁　井上三三夫

第一章　序説

一　『教行証文類』の撰述

「正信念仏偈」というものは、それ自身独立した存在ではなく、親鸞の主著である『教行証文類』の、第二巻「行文類」の終わりに付せられている、漢文の偈頌、仏法讃歎の詩《しい》歌《か》です。そこでその『教行証文類』の成立事情と、その内容の概要について、およそのところを明かしますと、その『教行証文類』とは、真宗教義の基本原理について詳細に論述したものですが、それはすでに、親鸞が関東在住のころ、四十歳すぎから六十歳ごろまでにおよその綱格と、その下書きともいわれるべき部分は、いちおう作成されていたとも考えられます。しかし、それについての本格的な執筆は、親鸞が京都に帰洛したのちの、六十歳すぎごろからはじめられたと思われます。そして親鸞が七十五歳の年、寛元五（一二四七）年には、尊蓮という弟子が書写したことが伝えられていますので、そのころには、いちおう完成していたことがうかがわれます。

そこでその『教行証文類』の内容ですが、それはひとえに恩師の源空によって教授されたところの、専修念仏、念仏成仏の仏道を、いっそう明確に開顕し主張したものです。源空には多くの門弟が存在しましたが、その専修念仏、選択本願念仏の教えを伝統、継承するについては、それを抽象的、観念的に領解しようとする立場と、それを具体的、実践的に領解しようとする立場に分裂していきました。その前者の立場に立つものを、一念義（安心派）といい、その後者の立場に立つものを多念義（起行派）といいます。今日では、その多くの門弟によって伝承された念仏義について、その一念義を主張した証空（一一七七～一二四七）の西山浄土宗と、その多念義を主張した弁長（一一六二～一二三八）の鎮西浄土宗と、そのいずれにも属さなかった親鸞の浄土真宗の三流だけが、教団を形成して今に至っているところです。

そこでその証空の西山浄土宗は、京都の長岡京市の粟生《あお》の光明寺を本山とする教団です。この証空は、かつて承元元（一二〇七）年二月の念仏弾圧のときに、恩師の源空や親鸞らとともに流罪に決定しましたが、源空を裏切って、政治的に立ちまわってその罪をのがれました。そののち再度、嘉禄三（一二二七）年七月の念仏弾圧にも流罪にきまりましたが、そのときにも、また権力に媚びて、その難をのがれました。彼はそういう人物でありました。その彼の念仏理解は一念義に属するものですが、そこでは念仏往生の道を説きながらも、諸行往生をも認めるわけで、旧仏教が語っている諸種の行業は、すべて念仏胎内の善根であり、ひろくいえばすべて念仏行であるといいました。比叡山と奈良の旧仏教からの念仏弾圧に屈して、それに妥協したわけです。ここでは法然が主張した専修念仏の仏道は、完全に廃棄されています。そしてまた証空は、『無量寿経』によると、阿弥陀仏は十劫の昔にすでに成仏しているが、その本願の論理からすれば往生正覚一体であり、私たちもまた同じように、十劫の昔にすでに往生しているわけで、その南無阿弥陀仏なる名号には、私が往生するための南無の願と阿弥陀仏の行が具足され、またそれには、私の南無なる機と阿弥陀仏なる法が一体として成就されており、その願行具足、機法一体にして名体不二なる名号に帰するところ、そこにこそ、仏体即行として私の往生が成就するというわけです。かくして、そういうわれを聞知して一念領解するならば、そこでただちに即便往生をえて、ここに浄土往生の仏道が完結するといいます。きわめて観念的な念仏理解ですが、これが証空の仏道領解です。

そして弁長の鎮西浄土宗は、京都市の東山、知恩院を本山とする教団です。この弁長は、念仏弾圧が厳しかった時機には、郷里の筑前に帰っており流罪には関係ありませんでした。彼の念仏理解は多念義に属しますが、阿弥陀仏には、総願と別願があるといい、その総願とは四弘誓願のことで、そこには諸行往生の道が明かされ、別願の四十八願には、第十八願に念仏往生の道が、第十九願には来迎引接の益が、第二十願には順後往生の益が誓われていると理解して、諸行も念仏もいずれによっても往生できるといいました。いわゆる二類各生、念仏と諸行の二種どちらも肯定するという立場です。彼もまた師の法然を裏切って、比叡山や奈良の旧仏教教団からの圧力に屈したわけです。そして彼は、その念仏の修め方について、尋常行儀、別時行儀、臨終行儀の三種を規定していますが、その尋常行儀とは、日日における称名念仏行の修め方、別時行儀とは、特別の日時と場所を設定して、心身を清めて行なう念仏行の修め方、臨終行儀とは、臨終にあたって行なうべき特別の作法をいいます。そして弁長は、臨終に称名念仏し、来迎見仏をえて正念に住してこそ、よく浄土に往生をうるといい、臨終が悪い場合には悪道に堕すといっております。現代における一般庶民においては、臨終のときに、そのような来迎見仏がよく成立するものか、まことに疑問ですが、浄土宗では、それについて、いかに教化、指導しているのでしょうか。それに比べると、平生の業成を説き、臨終の善悪を問うてはならないと主張した親鸞の、人間理解の深淵性について、改めて深く感銘するところです。

それに対して、親鸞がその『教行証文類』において明かした浄土真宗の教義とは、〈無量寿経〉の諸異本の意趣と、龍樹浄土教の教説をうけて、その「行」については、「ただ念仏のみぞまことにておはします」（『歎異抄』真聖全二、七九三頁）という専修なる称名念仏の立場にたって、それは私の称名であるとともに、諸仏すなわち阿弥陀仏の称名でもあって、私から仏への私の称名は、そのまま阿弥陀仏から私への仏の称名でもあり、その私の称名は私が称えながらも、それは私に対する阿弥陀仏の告名（なのり）、招喚（まねき）の声として、心深く聞かれるべきものであるといって、真宗における称名とは、必ず聞名となるべきであると主張いたします。そしてまた、その「信」については、そのような称名、聞名が徹底し、深化していくならば、そこには必然的に、阿弥陀仏が私の「いのち」の中にまで到来していることに気づき、それに「めざめ」ていくこととなるといい、そのような「めざめ」体験を信心というと明かします。かくして、真宗における仏道とは、ひとえに称名、聞名、信心の道だと主張いたします。

そしてまた、そういう信心、「めざめ」体験をひらくならば、それは「疑蓋無雑の心」として、一定（菩薩道五十二段階中の第四十一位の初地）までの、無明（まよい）を破り、明知（さとり）をひらくこととなるわけで、それにおいて正定聚、不退転地に住して、すでに現生において「必得往生」（「行文類」真聖全二、二二頁）をえ、「仏に成るべき身に成る」（『弥陀如来名号徳』真聖全二、七三五頁その他）こととなり、新しい人格主体を確立して、まことの自立の人生を生きていくことができるといいます。その意味においては、先師源空の専修念仏の主張は、ひとりこの親鸞の浄土真宗にこそ、まさしく継承、伝統されているといいうるところです。

二 「正信念仏偈」の作成

この「正信念仏偈」とは、親鸞に先だって、中国の慈雲遵式（九六三～一〇三二）という人が、『依修多羅立往生正信偈』と題する偈文とその解説を作り、そこでは「稽首西方安楽刹、弥陀世主大慈尊」などという七字一句、六十四句の偈文を掲げております。ここには七字一句、百二十句の「正信念仏偈」の原形が見られるところです。またこの遵式は、『写弥陀経正信発願偈』という偈文も作り、そこでは「稽首十方仏、弥陀聖中尊」などという、五字一句、四十七句の偈文を明かしております。それらは『楽邦文類』（大正四七、二一五～二二七頁）の中に、編集されておりますが、親鸞は、この『楽邦文類』の文をいろいろと引用しておりますので、この遵式の偈文にも注目し、いまの「正信念仏偈」とは、これらの偈文に学んで、新しく作成したものであろうと思われます。

三　「正信念仏偈」偈前の文

次に、この「正信念仏偈」を作成した意図は何であったのか。それについては、この偈文のすぐ前に教示されている文によって、およそのことが知られます。この文は偈前の文といわれるもので、次の文章がそれです。

凡そ誓願に就いて、真実の行信あり、また方便の行信あり。その真実の行願は、諸仏称名の願なり。その真実の信願は、至心信楽の願なり。これすなわち選択本願の行信なり。その機はすなわち一切善悪大小凡愚なり。往生はすなわち難思議往生なり。仏土はすなわち報仏報土なり。これすなわち誓願不可思議一実真如海なり。『大無量寿経』の宗致、他力真宗の正意なり。

これをもって知恩報徳のために宗師の釈を披《ひら》きたるに（論註巻上）、言く。「それ菩薩は仏に帰す、孝子の父母に帰し、忠臣の君后に帰して、動静己に非ず、出没必ずゆえあるがごとし。恩を知りて徳を報ず、理よろしく先ず啓すべし。また所願軽からず、もし如来威神を加したまわずば、まさに何をもってか達せんとする。神力を乞加す、このゆえに仰いで告ぐとのたまえり」。已上。

しかれば、大聖の真言に帰し、大祖の解釈に閲して、仏恩の深遠なるを信知して、正信念仏偈を作て曰く。（真聖全二、四二～四三頁）

この文の意味は、はじめから「他力真宗の正意なり」までが、真宗の教義の基本について明かしたもので、次の「これをもって知恩報徳のために」から、曇鸞の『往生論註』の文を引用した部分は、親鸞自身が、この念仏の教法に値遇した慶びと、その恩徳を拝謝する思念を表白したもので、最後の「しかれば、大聖の真言に帰し」以下は、この「正信念仏偈」を作成する意図を述べた部分です。

その最初の真宗の教義を明かすについては、まず誓願、阿弥陀仏の本願に、真実の行信の願と、権仮方便の行信の願があるといいます。ただし、ここでは真実の行信のみについて明かします。そしてその真実の行信とは、その行の願とは、諸仏（阿弥陀仏）の称名と私の称名について誓った第十七願文をいい、その信の願とは、私の聞名と信心について誓った第十八願文をいうわけで、その第十七願文は、私の往生成仏のための行業として、私が日日に称名念仏することを誓ったものですが、それはまた、諸仏、さらには阿弥陀仏の称名にほかならず、私はその称名にもとづいてこそ、そこに阿弥陀仏の私に対する告名、招喚の声を聞くべきであるというわけです。これが真実の行願としての第十七願の諸仏称名の願の意趣であります。そしてその第十八願文とは、そのような私の称名が、仏の称名として聞かれてくるとき、すなわち、私の口からでてくる私の称名が、そのまま、阿弥陀仏の私に対する告名、招喚の呼び声であると、逆転して味識され、そのように体解できるようになったところ、そういう「めざめ」体験を信心というわけで、そのような称名、聞名によってこそ、真実信心はよく開発してくるということを誓ったものにほかなりません。これが真実の信願としての、第十八願の至心信楽の願の意趣であります。そしてこのような称名と信心、行と信こそが、阿弥陀仏の選択本願、第十八願にもとづいて成立するところの真宗の仏道であります。

そしてそのような第十八願の行道が対象とするところの人間、根機とは、いかなる罪業を犯したものをもふくめて、あらゆる善悪の凡夫を意味し、またその行道の結果としては、真実の浄土に至るという難思議往生なる勝益をうることとなります。そしてそのような称名念仏の行道と、それを学ぶ人間とその利益、すなわち、法と機と益の三義は、不可思議なる一実真如海、真実にして究極なる仏道であって、それは『無量寿経』の教説の根本意趣であり、また浄土真宗の本義でもあります。以上が、真宗の教義を明かした部分の意義です。

そして次の、真宗念仏に値遇した恩徳について拝謝する文は、その宗師の釈とは、曇鸞の『往生論註』の文のことで、そこでは曇鸞の文によって、私たちが阿弥陀仏に帰依することは、何よりも釈迦仏の教化に育てられてこそ成りたったわけで、まずその釈迦仏に対してこそ敬意を表すべきであり、それは「孝子の父母に帰し」、「忠臣の君后に帰す」ことと同じであるというわけです。ここには親鸞が、釈迦仏の教導の恩徳に対して、深重なる謝念を表白しているところです。

そして最後の「正信念仏偈」作成の意図については、その大聖とは釈迦仏のこと、大祖とは七高僧のことで、いまはそれらの教説に学びつつ、阿弥陀仏の大慈大悲の深重なることを信知し、感謝して、それに対する報恩のために、この「正信念仏偈」を作成するというわけです。

以上が、その偈前の文のおよその意味であります。

四　「正信念仏偈」の題号とその組織

そこで次に、その題号と組織について考察いたしますと、まずその題号については、「正信念仏偈」とありますが、親鸞にはいまひとつ「念仏正信偈」と題する、とてもよく似た内容をもった偈文があり、それは『浄土文類聚鈔』という、『教行証文類』を簡略化した著作の中に収められております。問題はその後者の成立時期が明確でないところから、両者の関係が不分明で、この「正信念仏偈」と「念仏正信偈」の関係も、簡単には説明できかねるところです。問題は、その「正信」(信心)と「念仏」(称名)の関係ですが、それについては古来種々に解されてきましたが、その信心については、すでに別のところでも繰りかえして明かしたように、仏教における信については、その『阿毘達磨倶舎論』(梵本・櫻部建訳・『世界の名著』二、三六八頁)、『成唯識論』(大正三一、二九頁)などによりますと、仏道の能入位、初門位における信と、その能度位、究竟位なる信との二種の信があります。その能入位の信とは、仏道のスタートにおける必須の徳目としての、教法または人師に対する、主客二元的、対象的な信認、帰依を意味し、その能度位の信とは、その仏道のいちおうのゴールともいいうるもので、その能入位の信の徹底によって成立するところの、仏に値遇したという究極的な体験、上において述べた真宗の行道でいうならば、私の称名が阿弥陀仏の呼び声であると味識され、そのように体解されたところの「めざめ」体験をいうわけで、それは私と仏との主客一元的、主体的な信知体験を意味します。もとよりその両者は、深いところでは通底しているわけで、その能入位の信の徹底によってこそ、能度位の信は成立するところです。そしてこのような信心における両義は、親鸞における信の用例においても、明確に見られるところです。そこでいまここでいう「正信」という信心とは、そのいずれを意味しているかということですが、結論的にいいうることは、真宗の行道とは、すでに上に見たように、称名、聞名、信心の道であることからすれば、原則的には、その称名、念仏の前にある信心とは、能入位の信としての対象的な信認、帰依の心を意味し、その称名、念仏の後に語られる信心とは、能度位の信として、仏との値遇を意味する「めざめ」体験のことをあらわします。そしてそういう能度位、究竟位なる信心とは、その称名、念仏に即一して成立するものであるところ、念仏と信心、行と信とは一体にして不二でもあるといわれます。親鸞が、「行をはなれたる信はなしとききて候。又信はなれたる行なしとおぼしめすべし」(『末燈鈔』真聖全二、六七二頁)と明かすとおりです。ともあれ、親鸞における信心とは、それ自身単独で成立するものではなく、つねに行、称名念仏に即してこそ、よく成立するものであることを銘記すべきであります。ただし、いまの題号については、その能入位の信と能度位の信とを、それほどまでに、厳密に意識して用いられたものかどうかは不明ですので、あまり詮索するのも問題でしょうが、「正信念仏偈」といい、また「念仏正信偈」といわれるところからすれば、ここでいう信心とは、究極的には、念仏と信心、行と信とは、不二一体なる能度位の信を意味して、その両者はいずれにしても、同じ意趣を明かしているものと見るべきでありましょう。

なおまた、その「偈」とは、サンスクリット語のガーター(gāthā・讃歌、詩句)を音写して、伽陀《かだ》、偈陀《げだ》といわれるところから生まれたもので、讃歎の詩歌ということです。

かくしてこの「正信念仏偈」とは、まことの信心とまことの念仏についての讃歌ということを表します。

そしてその組織については、そのおよそを図示しますと次のとおりです。

- 帰敬の文 ― 帰命無量
- 本文
  - 依経段
    - 弥陀章
      - 弥陀の成仏
        - 因 ― 発願と思惟 ― 法蔵菩薩
        - 果 ― 光明と名号 ― 普放無量
      - 衆生の救済
        - 因 ― 念仏と信心 ― 本願名号
        - 果 ― 往生と成仏 ― 成等覚証
    - 釈迦章
      - 出世の本懐 ― 如来所以
      - 信心の利益
        - 煩悩と涅槃 ― 能発一念
        - 信心は一味 ― 凡聖逆謗
        - 信心と無明 ― 摂取心光
        - 悪趣と超越 ― 獲信見敬
        - 諸仏の称讃 ― 一切善悪
    - 結勧の文 ― 弥陀仏本

- 依釈段
  - 総標の文 —— 印度西天
  - 龍樹章 —— 釈迦如来
  - 天親章 —— 天親菩薩
  - 曇鸞章 —— 本師曇鸞
  - 道綽章 —— 道綽決聖
  - 善導章 —— 善導独明
  - 源信章 —— 源信広開
  - 源空章 —— 本師源空
  - 結勧の文 —— 弘経大士

　その組織図について説明しますと、この「正信念仏偈」には、最初に親鸞自身による帰敬の文がおかれております。それは「帰命無量寿如来、南無不可思議光」の二句で、これは本文に先だって特別におかれているわけで、それは天親の『浄土論』の「願生偈」の最初に、「世尊我一心、帰命尽十方無碍光如来、願生安楽国」とあるのを、承けたものと考えられます。もともとインド仏教においては、このような帰敬文が付せられている論書は、その作者の根本論を意味するわけですが、いま親鸞が、このような帰敬文を付していることは、同じような意趣を宿しているということでありましょう。そしてその後に、本文が述べられますが、それについては前半と後半に分かれており、その前半は依経段（『無量寿経』の教説によって明かした部分）であり、その後半は依釈段（七高僧の釈教によって明かした部分）です。

そしてその依経段については、さらにその前半が弥陀章、その後半が釈迦章となっています。その弥陀章については、『無量寿経』にもとづいて、阿弥陀仏の成仏の因果と、それに即一して成立するところの、衆生、私における救済の因果について明かしております。そしてその釈迦章については、この『無量寿経』が出世本懐の経典で、唯一真実の教法であることを主張し、次いで真宗信心をめぐる五種の利益を挙げます。その内容については、親鸞における信心領解の特色を、見事に表詮しているところであって、充分に留意してうかがうべきでありましょう。そしてその弥陀章と釈迦章を結んで、その教法を正しく信解すべきことを勧めます。

次に後半の七高僧による釈教については、七高僧それぞれの特徴ある教義について明かしておりますが、その基準としては、上の依経段の教説としての、真宗の行道なる称名念仏の道を主張しているところであります。そしてこの依釈段でも、最後にそれら七高僧の教導を、正しく信受すべきことを勧めて結んでおります。

以上が「正信念仏偈」の組織のおよその内容です。

五 〈無量寿経〉の意趣

その前半の依経段は、〈無量寿経〉の意趣について述べるわけですが、この〈無量寿経〉には、漢訳したものが五種類とインドの『サンスクリット本』が存在します。親鸞は、その中の漢訳本の四本を丹念に比較検討しながら、その経典の原意を的確に領解しております。そこでいまは、その親鸞の指示にしたがって、この〈無量寿経〉の意趣を尋ねますと、阿弥陀仏とは、すでにいままでいろいろと解説してきたように、釈迦仏の仏の「さとり」を象徴表現したものでありますが、さまざまな経論によりますと、その阿弥陀仏を象徴するについては、姿形、仏像として表現するか、または言語、名号として表現するかの、二種の方法をもって明かされております。そしてそれを姿形、仏像として捉える場合には、その阿弥陀仏に出遇い、それを信心体験するためには、心を定めてそれを観るという「見仏の道」が語られ、またそれを言語、名号として捉える場合には、その阿弥陀仏を信心体験するためには、心を深めてその名声を聞くという「聞名の道」が語られます。いまの〈無量寿経〉は、阿弥陀仏を名号として象徴表現し、それに出遇うためには、その名声、私に対する阿弥陀仏の告名（なのり）、招喚（まねき）の「声」を聞けよと説かれております。

かくして親鸞は、その『教行証文類』の「行文類」において、まずその行とは、私の称名念仏であると規定し、その私の称名とは、私ひとりの意志で成りたつものではなくて、十方世界の諸仏たち、そしてまた、阿弥陀仏の壮大な称名念仏の大合唱、コーラスの中に、私が参加させてもらうということによってこそ、はじめて私の称名念仏が生まれてくるのであって、そのことからすれば、私の称名は、そのまま諸仏の称名、さらにはまた、阿弥陀仏の称名であって、それは私にとっては、まさしく仏の呼び声として、聞かれるべきものであると教示されています。その「行文類」の冒頭に、〈無量寿経〉などの経文を十三文ほど引用しますが、その中の六文は、諸仏、阿弥陀仏がいま現に私に向かって称名しているという文です。そしてまたあとの六文は、その仏の称名を私が心して聞くべきこと、その聞名について明かした文です。そして残りの一文は、父を殺した王舎城の阿闍世太子が、このような阿弥陀仏の教えを聞いて救われたということを明かした文章です。かくして親鸞は、この「行文類」において、私たちは日日心して称名念仏しつつ、それはそっくりそのまま、阿弥陀仏の私に対する告名（なのり）、招喚（まねき）の声、仏の称名として、心深く聞けよと教示しているわけです。

そして親鸞は、次の「信文類」の冒頭にも、また〈無量寿経〉の文を七文ほど引用しますが、それらはいずれも、その私における称名において、それを阿弥陀仏の声として、確かに聞名体験するならば、そのような聞名、いま私が称えている私の称名が、そっくりそのまま、実は阿弥陀仏の私に対する呼び声であると実感し、そのように味識し、体験できるならば、その聞名体験を、真実信心というのだと教示しているところです。

これが親鸞によって領解されたところの〈無量寿経〉の教意です。かくして、親鸞によれば、真宗の行道とは、ひとえに称名、聞名、信心の道であるというわけです。いまの「正信念仏偈」の依経段における教示は、そのことにもとづいて明かされているわけで、そこで「本願名号正定業、至心信楽願為因」と説くものは、その称名、信心の道を示したものにほかなりません。そしてまた、「重誓名声聞十方」「聞信如来弘誓願」の教言もまた、それに重なる聞名と信心について明示したものであります。

六　七高僧の選定

そしてまた、親鸞は、その後半の依釈段では、七高僧のそれぞれの教説について明かしているわけですが、どうしてこの七人を選んで七高僧としたのでしょうか。そのことについては、すでに『七高僧撰述―真宗学シリーズ7』において、詳細に説明しておりますので、それを参照してください。ただそれについて要約していいますならば、基本的には、インドの龍樹、天親と、中国の曇鸞、道綽、善導の五師は、源空の教示にもとづいて選び、日本の源信、源空の二師は、親鸞自身の求道遍歴における先師として選んだものでしょう。親鸞は、この「行文類」において、上に明かした〈無量寿経〉等の経文の引用のあとに、これら七高僧の教示、ことにはその人たちが明かした念仏成仏の道について、それぞれの論文、釈文を引用しているところです。そしてまた親鸞は、『高僧和讃』なるものを作成して、これら七高僧の教導を讃歎しているところです。そしてまた、その『尊号真像銘文』によりますと、関東の門弟教団においては、それぞれの仏堂に、これらの高僧（道綽をのぞく）の真像を画き、それに親鸞が讃銘を書いたものを安置し、礼拝していたことが知られます。いずれも真宗の行道、念仏成仏の道を明示し、教導されたことへの、感謝、報恩の意趣を表明したものでありましょう。

第二章　帰敬の文

一　帰命と南無

1　本　文

帰命無量寿如来　　無量寿如来に帰命し、
南無不可思議光　　不可思議光に南無したてまつる。

これから「正信念仏偈」の本文について解説いたします。それについては、以下順次に、まず本文を掲げ、そしてそれについての語句解説を施し、そのあとに、その本文をめぐる私の法味領解を展開していくことといたします。なお本文の訓読は原則として真蹟本（東本願寺蔵）によります。

2　語句解説

「帰命」とは、サンスクリット語のナマス（namas）、ナモ（namo）を漢訳したもので、仏に対して、私の心を傾けて帰依し、その教命に帰順することをいいます。そのナマス、ナモは、音写して、「南無」、納莫、納慕、那莫、那摩などと表現されますが、その意味は、身体を傾けて敬意を表することで、帰命、帰依、帰敬、帰礼、敬礼などと漢訳されていますす。だから、帰命と南無は、同じことです。また「帰命」とは、命（生命）に帰ると訓めば、私が仏の生命に帰一していくことを意味し、また帰れよの命（命令）と訓めば、私に対する仏の教命、招喚の声を意味します。

3　法味領解

親鸞は、その『教行証文類』の「行文類」の称名釈（真聖全二、二二頁）において、この南無、帰命を解釈して、「帰の言は至るなり」といい、またその帰を「説なり」と明かしております。それによると、帰とは「至る」ことで、最後の目的地にまで至り届くことをいい、また「説」とは、悦と税とに通じると明かします。すなわち、悦、税とは、「よろこぶ」「したがう」ことを意味しますので、帰るとは、また「よろこんでしたがう」ということだというわけでしょう。そして親鸞はさらに、その「説」を解釈して「告るなり、述るなり、人の意を述るなり」と明かします。かくして「帰」とは、私が仏に向かって、自分の意志を明確に告げ、述べる、表白することだというわけです。そして「命」については、「業なり」「招引なり」「使なり」「教なり」「道なり」「信なり」「計なり」「召なり」と八種の漢字をあてて、その意味を明かしております。いずれも阿弥陀仏の私に対する能動的な行為を意味して、その業とは、仏の大願業力、働きをいい、招引とは、仏の私に対する方便、誘導をいい、使とは、仏の力用、作用をいい、教とは、仏の教命をいい、道とは、本願念仏の大道をいい、信とは、仏の真実心をいい、計とは、仏の方便、教化をいい、召とは、仏の私に対する招喚を意味すると理解されます。

かくして「帰」とは、私から仏への方向において成りたつ私の行為について明かし、「命」とは、仏から私への方向において成りたつ仏の行動について明かしたものだ、というるでありましょう。そのことはさらにいうならば、私にとって帰るということは、「帰れよ」と呼ばれ、「待たれている」ということにおいてこそ、よく帰れるわけで、どんなあばら家でも、自分を待ってくれるものがいればこそ、いそいそと帰るわけで、いかに豪華な家でも、自分の座る場所がないようでは帰れません。だから帰るということは、招かれている、待たれている、という仕組みが成立していることにおいてのみ、はじめて成りたつところの話なのです。上に明かした「帰」（私がかえる）ということ、「命」（仏の働きかけ）ということの関係は、まさしくそういう構造を明かしたものでしょう。

二　仏教の根本原理

仏教とは、いまからおよそ二千五百年の昔に、インドに生まれた釈迦仏によって説き明かされた教法であります。その教えは、今日においてはさまざまに語り伝えられておりますが、そのもっとも原形をとどめているもののひとつに、『仏説転法輪経』（大正二、五〇三頁）と名づけられた経典がありますが、それは釈迦仏が鹿野苑《ろくやおん》（ミガダーヤ・現サールナート）において、最初に説法された教法だと伝えられるものです。そこでは私たち人間が、仏の「さとり」に向かって、人格的に成熟していく道について明かしており、その具体的な内容としては、生死、有無の二辺を離れた中道《ちゅうどう》について示し、さらにそれをめぐって、詳細には四諦と八正道を語っておりますが、ここには原始仏教における基本的な教義の綱格が見られます。そこでその四諦、八正道とは、四諦とは、四種の道理のことで、苦諦、集諦《じったい》、滅諦、道諦の四種の原理をいいます。その苦諦とは、この人生と世界とは、「まよい」の境界であって、苦しみが多いことをいい、集諦とは、そのような「まよい」、苦しみの人生と世界の原因を尋ねて、そのことは何よりも自己自身の心の在りよう、その自己中心性、我執にあることをいい、滅諦とは、そのような私自身の自己中心性を徹見し、それを転じていくならば、やがて無憂にして平安なる人生と世界が展開してくることをいい、道諦とは、そういう果としての、平安なる人生と世界を形成するための原因を求めて、そのことを実現するための生き方を八種、八正道として示したものです。すなわち、そのはじめの苦諦と集諦とは、私のありのままなる現実の相状を、その因と果に分けて明かしたものであり、あとの滅諦と道諦とは、私のあるべき理想の相状を、その因と果に分けて明かしたもので、私たちはすべからく、そういうありのままなる現実を否定しつつ、あるべき理想に向かって、精進、努力して、まことの人格主体の確立をめざして、脱皮し、成長しつつ、無憂にして平安なる人生と世界を、形成していくべきであると明かしたものです。

そしてその八正道とは、私たちが、その理想をめざして、人格的に成長するために修めるべき、八種の正しい行為をいうもので、正見、正思、正語、正業、正命、正勤、正念、正定をいいます。すなわち、その正見とは、この現実の人生と世界の道理について、正しく知見していくことで、それは基本的には、この人生と世界とが、つねに「無常」にして、かたときも止まることなく流転し、変化し続けているということであり、そのことはより具体的には、この私自身とは、やがては死すべき生命を今日も生きているということであり、そしてまた、この現実の世界とは、いつどこで、いかなる出来事が惹起してくるかわからないということを意味します。そしてまた、そのことは角度をかえていうならば、この人生と世界とが、本来的に実体をもって存在しているものではなくて、つねに「無我」として、さまざまな自然現象から、無数の人人の存在とその働きを因縁として、時時刻刻に成立し、変化しているということであり、そのことはより具体的には、この私自身の人生とは、決して単独で成りたつものではなくて、今日もまた多くの天地自然の恩恵から、さまざまな人間関係における因と縁によって、生かされて生きているということを意味します。仏教とは、何よりも、このような現実の人生と世界とを貫徹しているところの、「無常」と「無我」という基本原理について教示し、私たちは、そのような原理を正しく知見して生きていけよというわけです。いまの「正見」とは、まずそういう「無常」「無我」の原理について、正しく学ぶべきことを明かすものです。そしてそのような「正見」にもとづいて、正しく生きていくことが、「正思」（正しい意志）「正語」（正しい言葉）「正業」（正しい行為）の意、口、身の三業の生活です。そしてそういう生活を、日常的に正しく相続していくことを「正命」といい、そのことの深化、徹底をめざして、いっそう精進、努力することを「正勤」といい、それにおいて自分の心、精神を平等ならしめていくことを「正念」といい、そのことにもとづいて、精神を統一、清浄ならしめて、ついには仏の「さとり」を開いていくことを「正定」といいます。

釈迦仏の教法、仏教とは、そういう現実の人間が理想の人間をめざして、人格的に成熟していくこと、そういう人間成就の道を教えるものです。

かくして、いまここで、親鸞が、まず「帰命」といい「南無」と語って、まことの教え、阿弥陀仏に帰依、敬礼することを明かしたのは、私自身が、そういう真宗の仏道、念仏成仏の道を正しく生きて、私の本来のあるべき理想に向かって人格的に成っていくべきこと、そういう人間成就を志願することを表白したものにほかなりません。

三　無量寿と無量光

そこで次に、「無量寿如来」と「不可思議光」（如来）とありますが、これは阿弥陀仏のことです。阿弥陀仏とは、のちに至って詳しく明かしますが、釈迦仏の滅後に、釈迦仏を追憶し、尊敬した仏弟子と信者たちの中から、そこに教示された仏の「さとり」を象徴表現するという方向の中で、新しい仏として誕生したものが、この阿弥陀仏の思想でありま す。そしてその阿弥陀仏の「阿弥陀」とは、サンスクリット語のアミターバ（Amitābha）

とアミターユス（Amitāyus）の、アミタから成立したものです。そのアミタとは、量られない、無量を意味し、そのアーバとは光明のことで、その仏の「さとり」、その究極的な真実の働きの空間的な普遍性をあらわします。そしてアーユスとは寿命のことで、その仏の「さとり」、その究極的な真実の働きの時間的な永遠性をあらわします。

そしてその「如来」とは、また「仏」ともいいます。仏とは原語のブッダ（buddha）から生まれたもので、それを音写して仏陀、浮図《ぶと》といい、それを略して仏（ほとけ）といいます。そしてそのブッダとは、もともとブト（budh）「めざめる」という意味をもつ語根にもとづき、それを名詞化して、「めざめた人」のことをブッダといったわけです。そしてそのような仏とは、また究極的な真如、真実に去ったもの（如去）、その真如、真実から来たもの（如来）ということで、タターガタ（tathāgata・如去・如来）ともいわれます。いまここで「無量寿如来」といい、「不可思議光」（如来）というのは、そのような究極的な真如、真実、仏が、この私に向かって到来、示現しつつあることをあらわしたものです。

第三章　弥陀仏を讃える文

一　阿弥陀仏思想の起源

1　本　文

法蔵菩薩因位時　　法蔵菩薩の因位の時、
在世自在王仏所　　世自在王仏のみもとにあって、

2　語句解説

「法蔵菩薩」とは、その原語はダルマーカラー（Dharmākara）といい、阿弥陀仏の原因、因位の時の名前です。この菩薩がのちに成仏して阿弥陀仏になったというわけです。キリスト教においては、神を説明するのに、はじめに神が存在したというだけで、その神がどこから来たかということはまったく語りません。神が唯一絶対的な存在で、その根拠について説明することはありません。しかし、仏教では、あらゆる存在を原因と結果の道理をもって説明いたします。いまも阿弥陀仏の原因について法蔵菩薩を語り、また経典は、阿弥陀仏の出現以前の多くの仏たちの存在についても説きます。「因位の時」とは、その原因の時代ということです。

そしてまた「世自在王仏」とは、その原語はローケーシュヴァラ・ラージャ（Lokeśvararāja）といい、『無量寿経』によれば、法蔵菩薩の師仏、師匠であるといいます。そしてその仏は、『無量寿経』では多くの如来の出世に続く第五十四位に、『如来会』では第四十三位に、『サンスクリット本』では第八十一位に、出現した仏であると説かれています。

そこでその阿弥陀仏とは、すでに上にも明かしたように、光明無量、寿命無量なる仏という意味をあらわしますが、そのような観念は、もともと原始仏教における釈迦仏をめぐって生まれたものであって、そのことが部派仏教、ことにはその大衆部系統に伝承されていったといわれます。玄奘訳の『異部宗輪論』には、釈迦仏の性格を、光明の普遍性と寿命の永遠性として捉えていることがうかがわれるところであって、阿弥陀仏が、光明無量、寿命無量であるということとの関連性が、充分に想像されるところです。

そしてまた、この阿弥陀仏思想については、その本生説話として法蔵菩薩が有名ですが、この説話については、その〈初期無量寿経〉の『大阿弥陀経』と『平等覚経』、および〈後期無量寿経〉の『無量寿経』によりますと、その法蔵菩薩とはもとは国王であったといいますが、そのことからすると、阿弥陀仏と釈迦仏との関係性が充分にうかがわれるところです。そしてまた、この法蔵菩薩の師仏を世自在王仏と説きますが、それについては燃燈仏とも関係づけられております。ところで、この燃燈仏とは、部派仏教においては、釈迦仏に授記《じゅき》を与えた仏だといわれておりますから、ここにもまた、阿弥陀仏と釈迦仏との関係性がうかがわれるところです。

3　法味領解

かくして、これらのことからすると、阿弥陀仏思想とは、基本的には、釈迦仏の伝記と深くかかわり、その釈迦仏崇拝の延長線上において、次第に生成してきたものであろうと思われます。ことに今日の研究によりますと、釈迦仏の滅後、その出家者としての仏弟子たちは、残された釈迦仏の教法の編集を行なって経典を作成しました。そのことを結集《けつじゅう》といいます。そのような結集は、その後にも行なわれて、さらに整理され、増補されていきました。かくして仏弟子たちは、その教法、経典をめぐって、学習、研鑽をすすめていきました。他方、釈迦仏を偉大なる指導者として崇敬し、その教団を支持し、その教化をうけていた在家の信者たちは、その滅後、遺骸を火葬にして、その舎利《しゃり》、遺骨を八部に分け、それぞれの地方に仏塔を建立し、それを供養し、崇拝していきました。そしてその後には、その仏塔が、さらに各地に建立されることとなって、釈迦仏崇拝はいっそうさかんになっていきました。

上に述べたような阿弥陀仏思想とは、このような在家信者を中心として生まれたところの、仏塔崇拝中心の教団を母胎として、次第に生成してきたものではないかともいわれております。そのことはまた、すでに『浄土教理史―真宗学シリーズ3』において述べたように、阿弥陀仏の極楽浄土の構想が、この仏塔の建立方法に、深くかかわっているということにも連なるもので、阿弥陀仏思想が、このような仏塔崇拝に関連して成立したものであろうことは、充分に想像されるところです。

なお、このような阿弥陀仏思想が、いつごろ、どの地方において生成したものであるかについては、いまだ充分に明確ではありませんが、今日までの研究によりますと、その成立は、釈迦仏滅後およそ四、五百年の、紀元一世紀のころであろうといわれております。そしてまた、そのような思想が生まれた地域については、その極楽浄土の荘厳をめぐって、その浄土が、金、銀、瑠璃《るり》、水晶、硨磲《しゃこ》、珊瑚《さんご》、瑪瑙《めのう》などの、七宝《しっぽう》をもって装飾されていると表現されていることからすれば、多分に遠く西方のローマ文化、さらにはギリシャのヘレニズム文化の影響なども考えられて、当時、東方の中国と西方のローマなどの東西文化の交流の要所であった、西北インド地方ではないか、という説が主流をなしているところです。ただし、この成立地域の詳細については、今後の調査、研究をまつべきでありましょう。

二　廻向思想の成立

1　本　文

観見諸仏浄土因　　諸仏の浄土の因、
国土人天之善悪　　国土人天の善悪を観見して、
建立無上殊勝願　　無上殊勝の願を建立し、
超発希有大弘誓　　希有の大弘誓を超発せり。
五劫思惟之摂受　　五劫これを思惟して摂受す。

2　語句解説

その「諸仏の浄土の因、国土人天の善悪を観見して」とは、法蔵菩薩が、私たちを迎え入れるための新しい浄土を建立するについて、まず十方世界の諸仏の浄土の因と果、そしてその優と劣、善と悪の内実について詳しく観察したということ、そして「無上殊勝の願を建立し、希有の大弘誓を超発せり」とは、その浄土の建立をめざして、特別にすぐれた希有広大なる誓願を発起したということです。そして「五劫これを思惟して摂受す」とは、その誓願については、五劫という長い年月をかけて思惟し、それを決定したということです。ここでいう「劫」とは、サンスクリット語のカルパ（kalpa）の音写、劫波からいうもので、仏教が語るところのきわめて長い年月の単位のことです。『雑阿含経』によると、芥子劫と磐石劫があり、その芥子劫とは、一辺が一由旬《ゆじゅん》（約七キロメートル）の立方体の箱の中に芥子粒を入れ、それを百年に一粒ずつ取りだしてなくなったよりも、さらに長い年月をいい、また磐石劫とは、同じような立方体の磐石を、百年に一度白氈《はくせん》で払うことを繰りかえして、その磐石が磨滅してなくなったよりも、さらに長い年月をいいます。『無量寿経』によれば、法蔵菩薩は、その誓願については「五劫」の時間をかけて思惟したといい、またその誓願を成就するためには、「兆載」という劫数の歳月をかけて修行したといいます。その兆載とは、中国の計数の単位で、一、十、百、千、万、億、兆、京《けい》、姟《がい》、壌、秭《し》、溝、澗、正、載（慧琳『一切経音義』大正五四、四九一頁）と数える中の、「兆」と「載」をあげたわけで、きわめて大きな数量を意味します。

3　法味領解

そこでその阿弥陀仏が、あらゆる人人のために、自ら誓願をおこし、修行を重ねて、その功徳、利益を、自分自身の成仏のためだけではなく、それに即一して、あらゆる人人の往生、成仏のために施したいと願ったという、その本願の思想について、いささか考察してみたいと思います。

もともと釈迦仏滅後百年以降の部派仏教の時代においては、すでにそれ以前から存在していたところの、因果応報の思想が強調されることとなり、自分が造った行為の結果は、やがて必ず自分自身の上に現出するという、業報としての善因楽果、悪因苦果の法則が語られておりました。そしてそのような業報思想は、また輪廻《りんね》の思想とも重ねて捉えられ、人間は自分の行為の善悪によって、やがて幸福か不幸かの結果をうけ、さらにまた、地獄、餓鬼、畜生などの六種の迷界を、生死し、流転していくというように説かれました。かくしてそこでは、その生死による迷界流転ははてしなく続くわけで、この業報輪廻の思想においては、その終局はなく、何らの救いも説かれることはありませんでした。

　それに対して、釈迦仏滅後四、五百年ごろに、新しく大乗仏教が興起してくると、この世界の一切の存在は、因と縁とによって生起し、そしてまた変化、消滅していくものであるといい、したがってまた、あらゆる存在は、何ら自性はなく、有にして無、無にして有なるものとしての空である、という思想が生まれてきました。いわゆる空、無自性、縁起の思想です。かくして、このような空、無自性、縁起の思想にたつかぎり、上に見たところの業という考え方もまた、それは縁起にして無自性であり、またそのゆえに空であると解釈されることとなり、いままでは自らの業報によって、この生死の迷界を、はてしなく流転するほかはないと思われていた私たちの人生も、その繋縛からのがれ、その業報から離れることができると、考えられるようになってきました。

　そしてまた、そのような縁起、無自性、空の思想についていては、一切の存在が無自性にして空であるという発想は、その必然として、自己と他者、Aなる存在とBなる存在は、本質的には自他不二にして、相依相関の存在であるということになります。そしてそのような思考は、また必然的に、個人と全体とは即一するものであって、全体の幸福の中にこそ個人の幸福が存在するという、個人と全体の相関関係を説く菩薩思想をも生起することとなりました。

かくしてそのような思想は、自他不二、自他即一の大乗仏教思想の深化において、廻向（パリナーマ・pariṇāma）という、自分が積んだ善根、功徳を、自分のための果報とするのではなく、その方向を変えて、そのすべてを他者に与え施すという、廻自向他（自らを廻して他に向ける）、廻転趣向（自らを廻転して他に趣向する）なる廻向の思想が生まれてきました。他力廻向の思想です。かくしてここにおいては、明確に自業自得の繫縛をのがれ、迷界から脱出して、新しい世界に生まれかわることができる、と考えられるようになってきました。

阿弥陀仏の本願、その誓願の思想は、このことに深くかかわり、そのような廻向思想を、きわめて明瞭に教説したものであります。その〈無量寿経〉のもっとも初期のものである『大阿弥陀経』によりますと、その阿弥陀仏の第五願文には、

某作仏せん時、八方上下の諸の無央数の天人民及び蜎飛蠕動の類、若し前世に悪をなすに、我が名字を聞きて、我が国に来生せんと欲わん者は、すなわち正に返りて自ら過を悔い、道のために善をなし、すなわち経戒を持して、願いて我が国に生まれんと欲いて断絶せずば、寿終りて皆、泥犁《ないり》、禽獣、薜茘《へいれい》に復らざらしめ、すなわち、我が国に生まれて心の所願にあらしめん。是の願をえばすなわち作仏し、是の願をえざれば終に作仏せず。（真聖全一、一三七頁）

と明かして、在家者にして日日悪業を犯すことが多く、善根を修めることができないような人たちであっても、阿弥陀仏の名字を聞くという聞名にもとづいて、悔過《けか》し、作善し、持戒して浄土を願生すれば、必ず浄土に往生して、ついには仏の「さとり」をえさしめると説かれています。

以上が、阿弥陀仏の本願が説かれるようになった思想背景で、いま私たちが学んでいる阿弥陀仏思想とは、大乗仏教が興起するその初頭において、このような空、無自性、縁起の思想、さらにはまた、大乗仏教の根本原理としての、自他一如なる菩薩の思想を背景として生起してきたところの、自分の善根を他者に転換し廻施するという、廻向思想にもとづいてこそ成立してきたものであります。

三　阿弥陀仏の名号

1　本　文

重誓名声聞十方　　重ねて誓うらくは名声十方に聞こえんと。

2 語句解説

「重ねて誓う」とは、『無量寿経』における四十八願文の教説のあとに、さらに「重誓偈」の文をおき、そこで「我仏道を成ずるに至りて、名声十方に超え、究竟して聞ゆるところなくば、誓いて正覚を成らじ」（真聖全一、一四頁）と、重ねて誓っていることを意味するもので、次の「名声十方に聞こえんと」は、上に見たような「重誓偈」の文をうけたものです。

3 法味領解

なおまた、そのことについては、〈無量寿経〉のもっとも初期のものである『大阿弥陀経』によれば、

阿弥陀仏の光明と名とは、八方上下無窮無極無央数の諸仏の国に聞かしめたまう。諸天人民聞知せざることなし。聞知せんもの度脱せざるはなきなり。（中略）善男子善女人、阿弥陀仏の声を聞きて、光明を称誉して朝暮につねにその光明の好を称誉して心を至して断絶せざれば、心の所願に在りて阿弥陀仏国に往生す。（真聖全一、一四二頁）

とあり、またここでは「阿弥陀仏の声を聞く」とも説かれております。そして親鸞は、こ

の文を「真仏土文類」（真聖全二、一二三頁）に引用して、その「声」に「ミナ」と仮名を付しております。阿弥陀仏の「名号」を聞くとは、すなわち、その阿弥陀仏の「声」を聞くことだというわけです。充分に注目すべき教示です。

この〈初期無量寿経〉の『大阿弥陀経』においては、その浄土往生の道を誓ったところの願は、第五願文の不善作悪者の道と、第六願文の一般在家者の道と、第七願文の出家者の道の三願がありますが、その不善作悪者なる日ごろ何らの善根も修めえず、悪業を犯すことの多い在家のものが、浄土に往生するについては、ひとえに聞名にもとづく道を修めるべきであると明かしております。そしてこの『大阿弥陀経』の第五願文の不善作悪者の道が、いっそう深化し、展開して、〈後期無量寿経〉の『無量寿経』および『如来会』の第十八願文になっていったわけです。かくしてそこでは、明確に聞名往生の道が誓われているところです。

そのことからすれば、真宗における本願の仏道とはまさしく聞名の道です。〈後期無量寿経〉の『無量寿経』および『如来会』に説かれる四十八願文の中の、十三の願文（『無量寿経』の第十八願文を含む）は、聞名の功徳、利益について誓った願であり、ことにその『無量寿経』と『如来会』の願文によると、第十八願文、第十九願文、第二十願文の三願文が、浄土往生の行道について誓った願ですが、その中の第十八願文と第二十願文には、ともに聞名の道を明かし、さらにまた、〈後期無量寿経〉の中では、もっとも後に成立したと考えられる『サンスクリット本』では、その行道について誓った願は、第十八願文と第十九願文の二願のみですが、そのいずれも、聞名による浄土往生の道を説いているところです。すなわち、この『サンスクリット本』の行道については、一切の論証を省略して結論のみをいいますと、その第十八願文は、〈初期無量寿経〉の中でも、もっとも早く成立したと考えられる『大阿弥陀経』に説かれるところの、第七願文の出家者の道の延長として成立したものであり、その第十九願文は、そこに五逆罪のものを除くなどとあるところからすれば、『大阿弥陀経』の第五願文の不善作悪者の道と、第六願文の一般在家の道を、合糅して明かされたものであることが知られます。

かくして、〈無量寿経〉における行道の帰結とは、ひとえに聞名の道に集約されているということであり、しかもその聞名の道とは、もともと不善作悪者のための道として説かれたものであることからすれば、この〈無量寿経〉における行道とは、もっぱら悪人が浄土に往生成仏する道を明かしたものともいいうるわけで、親鸞によって鮮明化されたところの、浄土真宗の仏道とは、ひとえに聞名にもとづくところの、悪人成仏の道であるということが、すでにこの〈無量寿経〉においても、明確に教説されていることが知られるわけです。

そしてその聞名については、『無量寿経』の第十八願成就文によりますと、
　その名号を聞いて信心歓喜せよ。（真聖全一、二四頁）
と説かれております。ここでいう「その名号」とは、この文の直前に明かされるところの第十七願成就文に、十方世界の諸仏たちが、私たちに向かって、自ら阿弥陀仏の名号を称しながら、称名念仏するように勧めていると説かれています。いまはその諸仏の称名、その名号を聞いて、ということです。しかもまた、親鸞によりますと、その諸仏とは、『浄土和讃』（「大経讃」）の左訓に、
　弥陀を諸仏とまうす。過度人道のこころなり。（親鸞全集、和讃篇、三八頁）
と語って、阿弥陀仏もまた諸仏の中の一仏だと見ているわけです。とすると、いまここで、十方諸仏の称名を聞くということは、さらにいうならば、阿弥陀仏自身が自己の名前を、自ら告名（なのり）し、私たちに向かって招喚（まねき）している、その阿弥陀仏の告名と招喚の「声」を聞くということにほかなりません。
　そしてまた、親鸞の教示によりますと、この第十七願文とは、「諸仏称名の願」（「行文類」真聖全二、五頁）と呼ぶように、十方の諸仏、さらにはまた、阿弥陀仏が、私に向かって称名念仏するように勧めること（教位の称名）を誓った願でありますが、それはまた、その第十七願名を「往相正業の願」（『浄土文類聚鈔』真聖全二、四四三頁）とも呼ぶように、

私自身が浄土に往生するための行業としての称名（行位の称名）について誓った願でもあるといいます。

かくして、真宗における称名とは、私が浄土に向かって往生成仏するための正しき行業であると同時に、それはそのままそっくり、阿弥陀仏が私に向かって告名し、招喚するための、阿弥陀仏自身の称名でもあるということです。したがって、親鸞においては、私たちの日日の称名とは、私から仏に向かう私の称名でありながら、それはまたそのまま、阿弥陀仏が私に向かって自分を告げる仏の称名でもあるわけで、そのことはすなわち、私の称名は仏の私への呼び声として、私にとっては、ひとえに聞かれるべき称名であり、聞名となるべきものであります。かくして、上に明かしたところの『無量寿経』の第十八願成就文の「その名号を聞きて」ということは、私がその日日において称名念仏する、その私の称名を、阿弥陀仏の私に対する呼び声として聞けよ、ということにほかなりません。称名はそのまま聞名となるべきものであります。親鸞が教えたところの称名とは、そういう称名念仏であります。

〈無量寿経〉の流通分《るずうぶん》において、〈初期無量寿経〉の『大阿弥陀経』では、

阿弥陀仏の声を聞きて、慈心歓喜し、一時に踊躍し、心意浄潔にして、（真聖全一、一八二頁）

といい、またその『平等覚経』では、

無量清浄仏の声を聞き、慈心歓喜して、一時に踊躍し、心意清浄にして、（真聖全一、一三一頁）

と明かし、またその〈後期無量寿経〉の『無量寿経』では、

彼の仏の名号を聞くことをえて、歓喜踊躍して乃至一念せんことあらん。（真聖全一、四六頁）

といい、またその『如来会』では、

もし彼の仏の名を聞くことありて、能く一念喜愛の心を生ぜば、（真聖全一、二一一頁）

と明かし、さらに『サンスクリット本』では、

アジタよ、見よ、アミターバ如来・応供・正等覚者の名を聞くであろう生ける者たちが、いかほどよい利益を得た者であるかを。また、かの如来に対して、そしてこの法門に対して、たとえ一たびでも心の澄浄（citta prasāda）を得るであろう生ける者たちは、下劣な信解をもつ者とはならないであろう。（藤田宏達訳『梵文和訳・無量寿経・阿弥陀経』一四七頁）

と説き、また別系統の『荘厳経』では、

無量寿仏の名号を聞くことをえて、一念の信心を発して、（真聖全一、二四〇頁）

と語っているところです。ここでは真宗の行道を明かすについて、「阿弥陀仏の声を聞け」、「彼の仏の名号を聞け」、「アミターバ如来・応供・正等覚者の名を聞け」と説き、そしてその聞名という事態において、「慈心歓喜し、心意浄潔（心意清浄）」となり、「一念喜愛の心」、「一念の信心」、「たとえ一たびでも心の澄浄（citta prasāda）」をおこすならば、大利、功徳をうるであろうといい、その称名にもとづく聞名とは、仏の声を聞くことであり、その仏名を聞くことであって、それはまた、そのまま真実信心、チッタ　プラサーダなる信心を開発することになるというわけです。上に見たところの、『無量寿経』の第十八願成就文に、「その名号を聞いて信心歓喜せよ」という文にかさなる教言です。そしてまた、その「信心歓喜」の語が、その原本の『サンスクリット本』に照合しますと、まさしくチッタ　プラサーダであることも、この流通分に共通するところです。かくして、真宗の行道における称名、聞名の道とは、その必然として、真実信心の開発を意味することが明瞭であります。すなわち、真宗における仏道とは、称名、聞名、信心の道であるということころであります。

四　阿弥陀仏の光明

1　本　文

普放無量無辺光　　あまねく無量無辺光、
無碍無対光炎王　　無碍無対光炎王、
清浄歓喜智慧光　　清浄歓喜智慧光、
不断難思無称光　　不断難思無称光、
超日月光照塵刹　　超日月光を放ちて塵刹を照らす。
一切群生蒙光照　　一切の群生光照を蒙る。

2　語句解説

ここには無量光以下十一の光明の名前が示されています。これは『無量寿経』に説かれている経文をうけたわけです。もともと仏の光明には、『大智度論』によると、

「光明に二種あり、一には色光、二には智慧光なり」（大正二五、三九九頁）

と明かします。ここでいう色光とは、ふつうには外光、身光といわれ、仏身より発するところの色相なる光を意味し、智慧光とは、ふつうには内光、心光ともいわれるもので、仏心より発するところの智慧なる光を意味します。いまはその心光（智慧光）をいうわけです。

最初は「無量光」、第二は「無辺光」、第三は「無碍光」、第四は「無対光」、第五は「光炎王」、これは『無量寿経』では炎王光となっています。修辞、レトリックでしょう。第六は「清浄光」、第七は「歓喜光」、第八は「智慧光」、第九は「不断光」、第十は「難思光」、第十一は「無称光」、第十二が「超日月光」です。このように無量光から超日月光までの十二種の光明を放って、「塵刹を照らす」。塵刹とは、塵は「ちり」、芥《あくた》のことで、刹とは国土、世界のことです。阿弥陀仏の光明は、塵、芥ほどもある数多くのこの宇宙、世界を照らすということです。そして「一切群生光照を蒙る」とは、それぞれの世界に住んでいるあらゆる生きとし生けるものは、一人残らず、この光明の働きかけをいただいているというわけです。

この十二光とは、阿弥陀仏の光明の働きを十二の視点から捉えて説明したものです。はじめの無量光とは、その光明の時間的な永遠性について明かしたもの、次の無辺光とは、その光明の空間的な普遍性をあらわしたもので、この二種が、阿弥陀仏の光明の働きの基本的な性格を示しております。そして以下の十種の名前は、その光明がもっているところの、この迷界の暗黒性、虚妄性を徹底して批判し、照破していくという作用と、この世界のあらゆる生きとし生けるものの生命を平等に包摂し、それをひとしく真実の生命、仏の「さとり」にまで転成し、生育せしめていくという作用について、さまざまに象徴表現したものにほかなりません。そして最後の超日月光とは、ことにそのような阿弥陀仏の光明が、太陽や月の光よりも、はるかに勝れて強力であることを比喩によって明かしたものです。なおまた『如来会』では、それについて十五光を掲げ、また『サンスクリット本』では、それについて二十一光を語っております。

3　法味領解

親鸞における阿弥陀仏の光明にかかわる領解については、独自な発想が見られます。もともと阿弥陀仏とは、光明無量、寿命無量を意味しますが、中国の浄土教においては、その中でも寿命を中心に捉えられました。経典の名称が『無量寿経』、『観無量寿経』と訳されるところです。このことは、中国人は古くから不老長寿こそが人間の最高の幸福だという考え方がありました。秦の始皇帝（紀元前二五九〜二一〇）が不老長寿の薬を探ねたと伝えられ、また桃源郷という仙人の世界は、不死の世界だとも考えられていました。不老不死とは、中国人の夢であったのです。それで阿弥陀仏という思想についても、その無量寿ということが注目されたわけです。しかしながら、親鸞においては、その『末燈鈔』に収められている門弟の慶信の手紙によりますと、

寿命無量を体として光明無量の徳用はなれたまわざれば、如来の心光に一味なり。（真聖全二、六七五頁）

とあり、そこでは光明無量、寿命無量というけれども、その寿命とは体（本質）で、光明とは用（作用）、その働きを意味すると明かしております。その点、親鸞においては、阿弥陀仏とは、その働きとしての光明を中心に捉えられていたことがうかがわれます。

そしてまた、親鸞はその『唯信鈔文意』に、

しかれば阿弥陀仏は光明なり、光明は智慧のかたちなりとしるべし。（真聖全二、六四八頁）

と明かしております。またその『一念多念文意』には、

この如来は光明なり、光明は智慧なり、智慧はひかりのかたちなり。（真聖全二、六一六頁）

とも語っております。このことは天親の『浄土論』および曇鸞の『往生論註』の思想をうけるものですが、光明というものは、仏の智慧、仏の「さとり」の働きを象徴したものだ

というわけです。すなわち、親鸞は、阿弥陀仏の光明とは、その智慧、「さとり」の内実を、改めて象徴表現したものだというのです。しかしながら、親鸞はまた、『入出二門偈』には、

無碍の光明は大慈悲なり。（真聖全二、四八〇頁）

といい、また『末燈鈔』には、

大悲の光明はこれ所生の縁なり。（真聖全二、六九四頁）

などと明かして、光明とは、阿弥陀仏の慈悲の働きかけを象徴表現したものだとも語っております。すなわち、光明とは、阿弥陀仏の智慧と慈悲を象徴表現したものだというわけです。たしかに光（智慧）というものは、その明るさによって暗闇を照らして、すべてを知りつくすという意味と、光（慈悲）というものは、その暖かさによって、あらゆる生命を育てるという意味があります。いま阿弥陀仏の働きを、光明であると象徴表現するのは、そういう明るさと暖かさ、その照明と育成の働きについて語られたものでありましょう。

親鸞が、本尊として書いたと思われる名号が七種ほど伝わっておりますが、その中の一本は六字名号であり、あとの六本は、八字（南無不可思議光仏）か十字（帰命尽十方無碍光如来、南無尽十方無碍光如来）で、六字名号を別にしますと、すべて光明にかかわる仏名が書かれております。いずれにしても、光明を中心に捉えていたことがここでも知られ

るところです。

ところで親鸞はまた、この阿弥陀仏の光明について、その『浄土和讃』に、

光明てらしてたへざれば　不断光仏となづけたり
聞光力のゆへなれば　心不断にて往生す（真聖全二、四八七頁）

と説いております。この「聞光」ということは、『無量寿経』の阿弥陀仏の第十二願成就文において、

無量寿仏の光明顕赫にして十方諸仏の国土を照耀し、聞こえざることなし。（中略）もし衆生ありてその光明威神功徳を聞きて、日夜に称説し、心を至して断えざれば、意の所願に随ってその国に生ずることをうる。（真聖全一、一七頁）

と説き、それをうけて曇鸞がその『讃阿弥陀仏偈』に、

光明一切の時普く照らす。故に不断光と号す。聞光力のゆえに心断えずして皆往生をうる。（真聖全一、三五二頁）

と明かすものによるわけでしょう。ここで「聞光」、「光を聞く」とは、阿弥陀仏の光明、すなわち、その阿弥陀仏が、私たちに向かって照らし続けるその光明とは、そのままこの私に対する仏の呼びかけの声、大悲の教言にほかならないということでありましょう。だからこそ、その光明を「聞く」と表現したものでしょう。

親鸞がここで「光を聞く」というのは、まさしく光明が言葉としての形をもって教法となるところ、そこでこそはじめていいうる言葉でしょう。しかもまた、その本願の教法というものは、つねに私たちに対しては、人生における究極的な目標を教示するものであると同時に、それはまた、私たちの日日の生き方について、よく教導し、調熟してくれるものであります。いまいうところの阿弥陀仏の光明とは、そのように、私たちの人生における究極的な目標、燈台であり、それはまた、私たちをいっそう照明し、育成してくれるものであります。私はいま阿弥陀仏の光明というものは、私にとってはそういうものであると思いとっております。

第四章　真宗の仏道を明かす文

一　観仏の道と聞名の道

阿弥陀仏の思想とは、すでに上において見たように、釈迦仏の教えを学び、その徳を思慕し尊敬していた、多くの在家信者たちが、その入滅の後、釈迦仏の「さとり」、その生命を象徴表現して、新しい仏の観念を創出することによって成立したものでありました。そしてその象徴表現については、釈迦仏の延長線において、人間的な次元において、それを姿形としての仏身、仏像として捉え、またそれを言語としての仏名、名号として捉えました。その仏身とは、すでに上に見たように、光明無量、寿命無量なる仏身として、またその仏名とは、南無阿弥陀仏なる名号として表象いたしました。

そこでそのような阿弥陀仏に値遇し、それを信心体験するためには、それを仏身として捉える立場からいえば、それは「観る」ものとして「見仏の道」が説かれ、それを仏名として捉える立場からすれば、それは「聞く」ものとして「聞名の道」が明かされることとなります。そのことについては、インドの論書『大智度論』巻第九によりますと、

是の法性身は十方虚空に満ちて無量無辺なり、色像端正にして相好荘厳せり、無量の光明、無量の音声ありて聴法の衆は虚空に満てり。此の衆もまた是れ法性身にして生死の人の見うるところにあらざるなり。常に種々の身、種々の名号、種々の生処、種々の方便を出して衆生を度し、常に一切を度して須臾《しゅゆ》として息む時なし。是の如きは法性法身なり。（大正二五、一二一～一二二頁）

と明かし、仏というものは、つねに「種々の身」（仏身）と「種々の名号」をもって、私たちに向かって到来し、働きかけているといいます。そしてまた、龍樹の『十住毘婆沙論』「念仏三昧品」第二十五によりますと、

是の人いまだ天眼《てんげん》をえざる故に、他方世界の仏を念ずるも則ち諸山の障礙あり。是の故に新発意《しんぽっち》の菩薩は、十号の妙相を以って仏を念ずべし。新発意の菩薩は、十号の妙相を以って念仏すれば、毀失無きこと猶《なお》し鏡中の像の如し。十号の妙相とは、いわゆる如来、応供《おうぐ》、正遍知、明行足《みょうぎょうそく》、善逝《ぜんぜい》、世間解《せけんげ》、無上士、調御《じょうご》丈夫《じょうぶ》、天人師、仏世尊なり。（大正二六、八六頁）

というように、仏身を見るについては、心を清浄にし天眼を開いて見るわけで、そのこと

はまことに困難なことであるが、その仏名をたよりとするならば、仏に値遇し、それを体験することは、まことに容易なことであると明かしております。このように見ることは困難であるが、聞くことは容易であるということは、もともと人間における感覚器官の知覚については、視覚、聴覚、嗅覚、味覚、触覚の五感がありますが、その中の聴覚のみは他の器官とは相違して、脳の作用とは無関係に独立しております。このことは生物学的には、人類の発生起源にかかわる問題でもあるといわれていますが、たとえ脳細胞が破壊されて脳死状態になっても、しばらくは聴覚の器官だけは独立して働くといわれます。人間における認知作用では、聴覚がもっとも基本となるということです。近世の日本の仏教書によりますと、人間が死んでも、しばらくは聴覚だけは残るので、臨終に際しては、死後一刻《とき》（二時間）ないし二刻《とき》（四時間）は、鐘を打って称名念仏して見送れと説いております。ともあれ、インドの仏教も、そのことについてすでに承知していたのでしょう。ともあれ、見ることよりも、聞くことが容易であるというわけです。

そのことは浄土教の経典においてもうかがわれるところです。すなわち、『浄土三部経』の中で、〈無量寿経〉と〈阿弥陀経〉は、いずれも聞名不退、聞名得益なる聞名往生の道を明かし、『観無量寿経』は、三昧見仏、臨終来迎なる見仏往生の道を明かしているところです。そしてまた、この〈無量寿経〉に説かれるところの行道については、その〈初期無量寿経〉の『大阿弥陀経』によりますと、その願文では、浄土往生の道として三種の行道を誓っており、その内容は、第五願文は不善作悪者なる底辺の民衆のための仏道として、聞名にもとづく道が明かされ、第六願文は一般在家者のための仏道として、布施、起塔、作寺、遶塔散花などの、在家者にふさわしい善根修習の道が明かされ、第七願文は出家者のための仏道として、菩薩道を歩んで六波羅蜜行などを修める道が明かされております。ここでその第五願文に、社会の底辺に生きる不善作悪者の道として聞名の道が説かれるところ、この聞名とは、もっとも容易なる仏道として、悪人成仏をめざして教説されたものであることがうかがわれます。ただし、この『大阿弥陀経』においては、願文ではありませんが、その弥陀仏果徳の文においては、阿弥陀仏の光明を見るものも、その聞名と同じように、浄土に往生することができると明かしていることは、充分に注目すべきところでありましょう。ただし、この見仏往生の思想は、〈後期無量寿経〉になると、次第に消滅していくこととなります。

そしてその〈後期無量寿経〉では、すでに上において見たように、その『無量寿経』と『如来会』における行道としては、上に見た『大阿弥陀経』の行道の展開として、その第十八願文では、不善作悪者の延長として、五逆と謗法の悪人にかかわって聞名の道が明かされ、その第十九願文では、出家者の道の延長として、発菩提心にもとづく諸種功徳の修習の道が明かされ、第二十願文では、一般在家者の延長として明かされますが、ここでは第十八願文と同じように聞名の道が語られております。三種の行道の中で、二種の道が聞名の道として説かれているわけです。そしてまた〈後期無量寿経〉の中では、もっとも後に成立したと考えられる『サンスクリット本』における浄土往生の行道は、その願文では、第十八願文と第十九願文の二種の願文に誓われておりますが、『大阿弥陀経』に説くところの、出家者の道の延長として明かされたと考えられる第十八願文の道は、発菩提心にもとづく道ですが、ここでも聞名の道が説かれています。そしてまた、次の第十九願文は、『大阿弥陀経』の不善作悪者の道と、一般在家者の道を合糅して明かされたと考えられますが、ここでもまた聞名の道が説かれており、この『サンスクリット本』では、二種の行道のいずれもが聞名の道となっております。

その点、この〈無量寿経〉における行道とは、ついには社会の底辺に生きる一般の民衆、ことにはその悪人の往生成仏の道として明かされた聞名の道に、帰結されていったといいうるところであります。充分に注目すべき行道思想の展開であります。

二　念仏成仏の道

1　本　文

本願名号正定業　　本願の名号は正定の業なり。

2　語句解説

はじめの「本願の名号」とは、その『尊号真像銘文』によれば、それを註解して、
　本願名号正定業といふは選択本願の行といふ也。（真聖全二、六〇〇頁）
と明言するように、ここでいう「本願の名号」とは、「選択本願の行」のことだというわけですが、その選択本願の行とは、「行文類」の標挙の文（真聖全二、五頁）にも見られる語であり、またその「行文類」の偈前の文にも、「選択本願の行信なり」（真聖全二、四三頁）とありますように、それは第十八願文に誓われているところの「行信」（称名と信心）の中の「行」（称名行）を意味することは明瞭であります。
　また同じ『尊号真像銘文』に、『選択本願念仏集』の「正定之業者即是称仏名」を釈す

について、

正定の業因はすなわちこれ仏名をとなふる也。正定の因といふは、かならず無上涅槃のさとりをひらくたねとまふす也。（真聖全二、五九六頁）

とも明かすところです。その点、ここでいう本願の名号とは、私における真実の称名を意味することが明瞭であります。

親鸞は、すでに『教行証文類—真宗学シリーズ8』においても詳細に解説したように、真宗における行を明かすについては、ときにはそれを仏の行（名号）として捉えながらも、またときには、それを私の行（称名）としても捉えているわけで、その仏の名号とは、そのまま私の称名でもあると語るところであります。そのことはたとえば、「信文類」の三信心の結釈の文において、

真実の信心は必ず名号を具す。名号は必ずしも願力の信心を具せざる也。（真聖全二、六八頁）

と明かして称名というべきところを、名号と語っているわけで、このような表現は、その他のところでも見られる文例です。かくして、いまここで「本願の名号」という名号とは、明らかに私における称名行を意味しているところです。このことについては、誤解しないよう充分に留意してください。

そしてその「正定の業」とは、その「行文類」の経文の引用を結ぶについて、

しかれば、名を称するによく衆生一切の無明を破し、よく衆生一切の志願を満てたまう。称名はすなわちこれ最勝真妙の正業なり。（真聖全二、八頁）

といい、また上に引用した『尊号真像銘文』の文の続きに、

「正定之業者即是称仏名」といふは、正定の業因はすなわちこれ仏名をとなふる也。正定の因といふは、かならず無上涅槃のさとりをひらくたねとまふす也。（真聖全二、五九六頁）

と明かすように、仏の「さとり」をひらく正しき業因、正因を意味するわけで、真宗における行としての称名行とは、仏果、仏の「さとり」をひらくための、まさしき因種であるというわけです。

3　法味領解

真宗における仏道においては、私における称名念仏行が、往生成仏の正定業、まさしき業因となるというわけですが、どうしてそういいうるのでしょうか。

親鸞の『教行証文類』の「行文類」によりますと、そこではまず最初に、真宗における行を規定して、

大行とは、すなわち、無碍光如来の名を称するなり。この行は、すなわち、もろもろの善法を摂し、もろもろの徳本を具せり。極速円満す、真如一実の功徳宝海なり。ゆえに大行と名づく。（真聖全二、五頁）

と明記し、真宗の仏道において、私たちが修めるべき行とは、称名念仏行であると教示しております。そしてその後に、〈無量寿経〉などの経文を十三文ほど引用して、その称名行についての説明を加えます。そしてそこでは、その引用の経文の中の六文は、ここでいう私の称名とは、本来的には、諸仏の称名であって、十方世界の無量の諸仏が、私に向かって阿弥陀仏の名号を称えるように勧めるために、声をそろえていっせいに称名している、そこでその諸仏の称名の声、そのコーラスに参加することによってこそ、私の称名行が成立してくることを明かしているわけです。そしてまた親鸞は、その十方世界の諸仏とは、すでに上にも見たように、

弥陀を諸仏とまうす。過度人道のこころなり。（『浄土和讃』左訓、親鸞全集、和讃篇、三八頁）

というように、それはそのまま阿弥陀仏の称名にほかならないというわけであって、その十方世界の諸仏の称名とは、阿弥陀仏の私に対する告名（なのり）、私に対する招喚（まねき）の声であるというわけです。かくして、そういう意味からすれば、いま私が称えて

いる称名とは、私から仏への方向において成りたつものでありながら、それはそっくりそのまま、仏から私への方向において成りたつところの阿弥陀仏の告名、招喚の声でもあって、それは私にとっては、ひとえに聞かれるべきものであるわけです。かくして、その引用の経文のあとの六文は、そういう私の称名は聞かれるべきものであるという、私における聞名について教示した文であります。

すなわち、親鸞は、ここで〈無量寿経〉などの十三文を引用して、私における称名行について明かしておりますが、その中の六文は、その私の称名とは、ひとえに諸仏、さらにはまた、阿弥陀仏の称名にほかならないということを明かします。そしてまた、あとの六文は、そのゆえにこそ、私の称名は、そっくりそのまま、「阿弥陀仏の声」（『大阿弥陀経』真聖全一、一四二頁その他）として聞かれるべきであると明かしているわけです。

かくして、この「行文類」において明かされるところの、往生成仏のための行業としての私の称名とは、そのまま阿弥陀仏の私に対する呼び声として、深く聞かれるべきもの、私の称名とは、そのまま聞名となるべきことを教説しているわけです。

そしてその引用の経文の十三文の中のあとの一文は、上に明かした称名、聞名には直接に関係はなく、父を殺すという重罪を犯した阿闍世太子が、帰仏聞法したという『平等覚経』の文ですが、親鸞が、あえてこの文をここに引用したのは、それほどの罪人である阿闍世太子もまた、このような阿弥陀仏の教法、称名、聞名の道を学んで、よく解脱したということを教示しようとしたからでありましょう。

三　信心成仏の道

1　本文

至心信楽願為因　　至心信楽の願を因と為す。

2　語句解説

その「至心」とは、『無量寿経』の第十八願文に、「心を至して信楽して生まれんと欲う」（真聖全一、九頁）とあるところからいわれるわけで、それは「心を至す」ということで、私の心を誠実、清浄にすることを意味します。このような表現は、次の第十九願では「心を至して発願して生まれんと欲う」とあり、また次の第二十願文では「心を至して廻向して生まれんと欲う」とあります。ただし、かかる表現は、『如来会』の三願文には見られませんし、またその第十八願文に相当する『サンスクリット本』の第十九願文にも見られませんので、この「心を至す」とは、多分に翻訳者の意趣によって付加されたものと思われます。なお親鸞は、この「至心」をめぐっては、「信文類」の三心釈の字訓の釈においては、「至心は、すなわちこれ真実誠種の心なるがゆえに疑蓋雑ることなきなり」（真聖全二、五九頁）と明かし、またその教義の釈においては、「すなわちこれ利他の専心を彰わすゆえに疑蓋雑ることなし」（真聖全二、六〇頁）と記しております。

そして次の「信楽」とは、『無量寿経』の第十八願文に「心を至して信楽して」とあり、『如来会』の第十八願文では、それに相当する文は見あたりませんが、その成就文によりますと、『無量寿経』の第十八願成就文では、

その名号を聞きて信心歓喜せんこと乃至一念せん。（真聖全一、二四頁）

と説き、その『如来会』の第十八願成就文では、

無量寿如来の名号を聞きて、乃至よく一念の浄信を発して歓喜せしめ。（真聖全一、二〇三頁）

と明かし、またその『サンスクリット本』の第十八願成就文相当の文によりますと、

かの世尊アミターバ如来の名を聞き、聞きおわって、たとえ一たび心を起こすだけでも、浄信にともなわれた深い志向をもって心を起こすならば。（藤田宏達訳『梵文和訳・無量寿経・阿弥陀経』一〇八頁）

と説いております。かくして、この「信楽」とは、それらの教示によるかぎり、「その名号を聞きて信心歓喜せんこと乃至一念」すること、「乃至よく一念の浄信を発して歓喜」することであり、それは『サンスクリット本』に従っていうならば、「かの世尊アミターバ如来の名を聞き、聞きおわって、たとえ一たび心を起こすだけでも、浄信にともなわれた深い志向をもって心を起こす」ことであって、それは阿弥陀仏の声、その名号を聞きおわって、一度でも浄信をともなった心をおこすことを意味します。

そしてここでいう「浄信」の原語はprasāda（藤田宏達校訂『梵文無量寿経・梵文阿弥陀経』四八頁）であって、この「信楽」とは、心が澄浄となって歓びの心が生まれてくることを意味します。このことは充分に注意すべきところでありましょう。そしてそのことにかかわって注目すべきことは、その〈無量寿経〉の流通分において、

かの如来に対して、そしてこの法門に対して、たとひ一たびでも心の澄浄（citta prasāda）を得るであろう生ける者たちは。（藤田宏達訳『梵文和訳・無量寿経・阿弥陀経』一四七頁）

と説かれ、それに相当する『無量寿経』の流通分では、「彼の仏の名号を聞くことをえて、歓喜踊躍して乃至一念せんことあらん」（真聖全一、四六頁）といい、またその『如来会』の流通分では、「もし彼の仏の名を聞くことありて、能く一念喜愛の心を生ぜば」（真聖全

一、二一一頁）と明かしており、これらの文は、上に見たところの第十八願文およびその成就文に重なる経説であることは明瞭であり、そこで語られるところの「信楽」とは、また「信心歓喜せんこと乃至一念」「一念の浄信」とも明かされていますが、そのことは『サンスクリット本』でいうならば、「浄信」（prasāda）であり、さらにはまた「心の澄浄」（citta prasāda）であって、それはまさしく仏教の本義において語られるところの、主客一元的な出世体験としての三昧見仏をふくむ、まことの信心を意味していることが知られます。

かくしてここでいう「信楽」とは、チッタ　プラサーダとしての、主客一元的、出世的な「めざめ」体験でありますが、それはより具体的には、その日日の称名念仏にもとづいて、私が阿弥陀仏の名を呼びながらも、それがそっくり阿弥陀仏の、私に対する呼び声として、実感、味解できるという、「阿弥陀仏の声を聞く」という聞名体験を意味する、と理解されるべきでありましょう。

そして次の「因と為す」とは、そのような真宗における真実信心という究極的な体験は、ひとえに第十八願なる至心信楽の願によってこそ、すなわち、すでに上に見たように、称名、聞名の道においてこそ、よく成立するということを明かしたものです。

3　法味領解

かくして、真宗における信心とは、『無量寿経』によるならば「信楽」であり、「信心歓喜」といわれるもので、その『サンスクリット本』によるならば、その原語はチッタ　プラサーダ〈心の澄浄〉であって、心が澄んできて、いままで見えなかったものが新しく見えてくること、そしてまた、それにおいて歓びの心が生まれてくることをいいます。親鸞はそれについて、「信じる心のいでくるは智慧のおこるとしるべし」〈『正像末和讃』左訓、親鸞全集、和讃篇、一四五頁〉と明かします。すなわち、それは主客一元的な宗教的「めざめ」体験といわれるべきものだというわけであります。

しかしながら、今日の東西本願寺の伝統教学では、そのような真宗信心を、まったく世俗的、主客二元的に捉えて、「たのむ」こと、「まかす」ことで、それは依憑の心のことであり、それはまた「もらう」こと、「いただく」ことで、それは領納の心のことだといいますが、そんな信心理解が、仏教の本義からすれば遠く逸脱したところの、まったく稚拙な解釈であることはいうまでもありません。真宗学が今後まことの学問、仏教学として、世界に通用する学術的な研究体制を構築していくためには、上に見たような原典としての〈無量寿経〉の教説、そしてまたその原語をめぐる考察は、決してさけては通れないところでありましょう。そしてまた、その伝道、教化の現場においても、そういう体制順応的な信心理解により、多くの真宗信者をして、誤った方向に誘導した過去の歴史については、厳しく自己批判されるべきところでしょう。

親鸞は、その「信文類」における本願三信心を解釈するについて、その字訓の釈、教義の釈のいずれにおいても、すでに上において見たように、その「至心」については「疑蓋雑ることなし」といいますが、また次の「信楽」についても、また「欲生」についても、ともに「疑蓋雑ることなし」と明かします。すなわち、その三信心のいずれについても、それが「疑蓋無雑」であると明かしております。そこでこの疑蓋とは、仏教が説くところの、仏道の障害となる五種の心、五蓋の中の一で、天台教学の入門書である『法界次第初門』によりますと、

疑蓋とは、痴の心をもって理を求め、猶予して決せず、これを名づけて疑となす（中略）世間の通疑と一にあらず。まさしく論ずれば障道の疑なり。すなわち、これ見諦（初地）において断ずるところなり。（大正四六、六六八頁）

と明かしております。その意味においては、上に見たように、本願の三信心がいずれも「疑蓋無雑」であるということは、その本願の信心が、仏教の本義のとおりに、「心の澄浄（citta prasāda）」であることを明示しているわけです。かくして親鸞によれば、真実信心

とは、このような疑蓋がなくなって明知が生まれてくることで、菩薩道の五十二段階でいえば、その第四十一位なる初地までの無明（まよい）が破れ、そこまでの明知（さとり）が開かれてくることを意味します。親鸞が、真実信心をうるならば、もともと浄土往生の利益として語られていた正定聚、初地、不退転地の益を、現生ただいまにおける利益として明かしたのは、ひとえにこのような『法界次第初門』の文にもとづいてこそ、よく主張しえたものであります。その点、親鸞は、この第十八願文の「信楽」「信心歓喜」の原語が、チッタ　プラサーダ、「心の澄浄」であることを、充分に承知していたであろうことがうかがわれるところです。かくして、私における称名念仏行が、往生成仏の正定業、まさしき業因となるということは、以上のような論理構造によってこそ、よく称名が信心を開発せしめることになるからであります。

そしてまた、そのような真実信心とは、その必然として人格変容をもたらすこととなります。親鸞が、その信心を説明するについて、

念仏を信ずるは、すなわちすでに智慧をえて、仏になるべきみとなるは、これを愚痴をはなるることとしるべきなり。（『弥陀如来名号徳』真聖全二、七三五頁）

まことの信心をえたるひとは、すでに仏になりたまふべき御身となりておはします。

（『末燈鈔』真聖全二、六八〇～六八一頁）

かならず仏になるべき身となるなり。（『浄土和讃』左訓親鸞全集、和讃篇、七一頁）

まことの仏になるべき身となれるなり。（『一念多念文意』左訓真聖全二、六〇六頁）

などというのは、いずれも真実信心をうるならば、新しい人格主体を確立して、自立した人生が生きられることを教示しているわけです。信心とは、たんに死後来世の往生のための正因ではなく、今生ただいまにおける正果としての、確かなる人格変容、人間成熟をもたらすものであります。

そしてまた、親鸞における念仏成仏の道と信心成仏の道における、念仏（行）と信心（信）の関係は、「信文類」の三信心釈の結びにおいて、

真実の信心は必ず名号を具す。名号は必ずしも願力の信心を具せざるなり。（真聖全二、六八頁）

と語っているところです。ここでいう名号とは、上にも見たように称名を意味して、真実の信心には称名が必具するというわけです。また『末燈鈔』には、

行をはなれたる信はなしときて候。又信はなれたる行なしとおぼしめすべし。（真聖全二、六七二頁）

と明かすように、両者は即一し、不離の関係をもつものといいうるわけです。そのことはどうしてそういいうるのか。それはすでに上において見たように、真実信心とは、私がそ

の日日において、称名念仏しつつ、その私から仏への私の称名が、そのまま逆転して、それは仏から私への仏の称名、私に対する仏の告名（なのり）、仏の招喚（まねき）の声として、聞かれてくるところの、そのような聞名体験を信心というわけで、その意味において、称名（行）とは、そのまま聞名を契機として、信心（信）となるからです。かくしてここに、念仏と信心、行と信とは、不二にして即一し、行信一如といいうることとなるわけです。すなわち、真実信心とは、それ自身単独で成立するものではなく、つねに称名念仏に即してこそ成りたつものであります。その点、伝統教学が語る信心正因称名報恩という信前称後の論理が、いかに親鸞を裏切るものであるかは明瞭でありましょう。

四　現世における救い

1　本　文

成等覚証大涅槃　　等覚を成り、大涅槃を証することは、

2　語句解説

ところで、親鸞によれば、真実信心をうるならば、すでに上に見たように、この現生において、仏道の第四十一位なる初地、正定聚に住することとなるといいます。ただし、『無量寿経』の第十一願文では、その正定聚とは、「国の中の人天、定聚に住し、必ず滅度に至らざれば」（真聖全一、九頁）とあって、浄土往生の利益として説かれております。そしてまた、『無量寿経』の第十八願成就文によれば、「彼の国に生まれんと願ぜば、すなわち、往生をえて不退転に住せん」（真聖全一、二四頁）と説かれますが、この不退転地とは、その初地、正定聚のことです。しかしこれもまた、その経文が示すように、浄土の利益として説かれているところです。ただし、『無量寿経』の第四十七願文によると、

他方国土の諸の菩薩衆、わが名字を聞きて、すなわち、不退転に至ることをえずば正覚を取らじ。（真聖全一、一三頁）

とあり、またその第四十八願文にも、聞名によって不退転地をうると説いております。そしてまた『如来会』の第四十七願文と第四十八願文にも、同じ意趣が説かれており、ここではともに、その不退転地を現生における利益として明かしております。そのことについて、『サンスクリット本』によると、その第四十六願文および第四十七願文でも、その不

退転地は現生の利益として明かされているところです。なおまた、その第十八願成就文相当の文でも、それが現生の利益として説かれております。

かくして、この菩薩道の第四十一位の正定聚、不退転地とは、〈後期無量寿経〉では、当来の浄土の利益ともいい、また現生の利益とも説かれていて、いささか混乱しているわけです（『浄土三部経―真宗学シリーズ6』一三五頁以下参照）。そしてまた、〈阿弥陀経〉においても、それは同じように、当来の浄土の利益ともいい、また現生の利益とも語っているところです（『浄土三部経―真宗学シリーズ6』二三六頁以下参照）。その点、この問題については、〈無量寿経〉〈阿弥陀経〉では、ともに錯綜、混乱しているわけです。しかしながら、すでに見たように、親鸞においては、その正定聚、不退転地とは、真実信心の利益として、現生において捉えているところです。親鸞がどうしてそのように領解したのか、そのことについては、上においていささかはふれましたが、改めて後に至って考察いたします。

そしてまた、ここで語られる「等覚を成り」とは、等覚とは、平等の「さとり」を意味して、仏道がめざすところの究極の仏果のことで、妙覚ともいって、仏の別称でもありますが、またそれは、仏の「さとり」に等しい位ということを意味して、仏道の五十二位の中の第五十一位の菩薩のことをいいます。そしてまた、それは一生を終えた次生には、必ず仏の「さとり」をうる位だということで、一生補処の菩薩ともいいます。ここでいう等覚とはその後者をいうわけです。

3　法味領解

かくして親鸞は、もともと浄土の利益として説かれていた初地なる正定聚、不退転地を、現生の益として捉えたわけですが、それはいかなる理由によったものかということです。そのことは、先蹤としては、わずかながらも、源信の『阿弥陀経略記』(『恵心僧都全集』一、四二五〜四三三頁)に、そしてまた、源空の『阿弥陀経釈』(真聖全四、三七三〜三七四頁)に見られるところですが、そのことは基本的には、上においてもいささかふれたように、親鸞が比叡山において、天台教学を学んだころにしばしば読んだであろう、天台教学の入門書である『法界次第初門』に、

蓋とは、覆蓋をもって義となす。よく行者の清浄の善心を覆蓋して開発することをえず。ゆえに名づけて蓋となす。(中略)疑蓋とは、痴の心をもって理を求め、猶予して決せず、これを名づけて疑となす。もし定等の法を修道するに、無明暗鈍にして真偽をわかたず、猶予を生ずるによって、心に決断なきは、みな疑というなり。世間の通疑と一にあらず。まさしく論ずれば障道の疑なり。すなわち、これ見諦において断ずるところなり。(大正四六、六六八頁)

とある文によったと思われます。すなわち、ここでは信心を説明するのに、信心とは「疑蓋」がなくなった心の状態であると明かしております。そしてその疑蓋とは、もともと仏教における基本的な用語で、愚痴、無明の心をもって仏法を学ぶところに生まれてくる、真偽をめぐる不分明性、不決定性の心をいうわけで、それは世間でいう疑心とは相違して、「見諦（初地）」の位において、はじめて断滅することができる迷いの心だといいます。親鸞は、その「信文類」において、本願文の三信心、至心、信楽、欲生の三心をめぐって、詳細に解釈いたしますが、その字訓の釈と教義の釈のいずれにおいても、その三信心について、それぞれが「疑蓋」が雑らない心であると明かします。すなわち、その三信心、それは親鸞によると、中間の「信楽」の心に帰一するともいいますし、またそれぞれを「信心」と明かすところからすると、さらにいうならば、その三信心とは、それぞれに帰一するともいいうるわけであります。かくして、そのような本願の三信心、真実の信心が、私において開発、成立するならば、上に見たように見諦所断の利益として、それにおいて、一定の段階（菩薩道の五十二位中の第四十一位なる初地）までの、愚痴、無明（まよい）を破って、明知、知見（さとり）をうることとなるというわけです。親鸞が、信心の利益として、この現生において、正定聚、不退転地をうると明かしたのは、まさしくこの『法界次第初門』の文にもとづいたからにほかなりません。そしてまた、それにかかわって、龍樹の『十住毘婆沙論』の「易行品」を傍証としたからです。

今日の東西本願寺の伝統教学において、親鸞が信心の利益として、現生正定聚を主張した根拠を何ら明確に論証しえないのは、この『法界次第初門』の教示を無視するからです。親鸞は、この『法界次第初門』の別の文章を、「化身土文類」にも引用しているところで、この書から多くのことを学んでいることがうかがわれます。

そしてまた、親鸞が、信心の利益として、仏道の第五十一位なる等覚、一生補処の利益をめぐって、それはもともと浄土往生による利益として説かれていたものを、ここでは現生における真実信心の益として捉えたのはいかなる根拠によるものでしょうか。それについては、親鸞は、その「信文類」の真仏弟子の釈において、『無量寿経』の、

仏弥勒につげたまわく、この世界より六十七億の不退の菩薩ありて、彼の国に往生せん。一一の菩薩は、すでにむかし無数の諸仏を供養せり、ついで弥勒のごときものなり。（真聖全一、四四頁）

という文を引用します。その経文の意味は、釈迦仏が、この教法を聞いていた弥勒菩薩に語られるには、この世界に六十七億という多くの不退転地に住する菩薩がいて、いままでそれぞれ無数の諸仏を供養しました。その位は弥勒菩薩よ、あなたと同じです、ということです。親鸞は、この「次如弥勒」の文を『一念多念文意』に引用して、

次如弥勒とまふすは、次はちかしといふ、つぎにといふ。ちかしといふは、弥勒は大涅槃にいたりたまふべきひとなり、このゆへに弥勒のごとしとのたまへり、念仏信心の人も大涅槃にちかづくとなり。つぎにといふは、釈迦仏のつぎに、五十六億七千万歳をへて、妙覚のくらゐにいたりたまふべしとなり。如はごとしといふ、ごとしといふは、他力信楽のひとは、このよのうちにて不退のくらゐにのぼりて、かならず大般涅槃のさとりをひらかむこと、弥勒のごとしとなり。（真聖全二、六〇七頁）

と領解しております。すなわち、真実信心の人は、この現生において不退転地の位に至り、次生において必ず大般涅槃をひらくことは、弥勒菩薩と同じである、というわけです。そしてまた親鸞は、この弥勒菩薩をめぐっては、「信文類」の真仏弟子の釈に、王日休の『龍舒浄土文』の文を引用して、

不退転は梵語には阿惟越致という。法華経には弥勒菩薩の所得の報地というなり。一念往生すなわち弥勒に同じ。（真聖全二、七九頁）

と明かしますが、その文の意味は次のとおりです。この不退転とは、原語では阿惟越致(avaivartika)といいます。『法華経』によりますと、それは弥勒菩薩が厳しい修行によってえたところの地位です。だから信心歓喜なる一念の心によって、浄土に往生する人は、この弥勒菩薩と同じ位をうることができるということです。

そしてまた親鸞は、その真仏弟子の釈を結ぶについては、

まことに知りぬ。弥勒大士等覚金剛心をきわむるがゆえに、龍華三会の暁、まさに無上覚位をきわむ。念仏衆生は横超の金剛心をきわむるがゆえに、臨終一念の夕、大般涅槃を超証す。ゆえに便同というなり。（真聖全二、七九頁）

と明かし、上の王日休の「便同弥勒（すなわち弥勒と同じ）」の文をうけて、だからこそ、真実信心の人は、すでにこの現生において、菩薩道の第五十一位なる、弥勒菩薩と同じ地位に住することとなると主張しております。そのことはまた、その『尊号真像銘文』において、

成等覚証大涅槃といふは、成等覚といふは正定聚のくらゐ也。このくらゐを龍樹菩薩は即時入必定とのたまへり、曇鸞和尚は入正定之数とおしえたまへり、これはすなわち弥勒のくらゐとひとしと也。（真聖全二、六〇〇頁）

と語るところです。なおまた、『末燈鈔』に、

信心をえたるひとは、かならず正定聚のくらゐに住するがゆへに等正覚の位と申なり。（真聖全二、六六一頁）

と明かし、また『如来二種廻向文』に、

すなわち真実信楽をえたる人は、決定して等正覚にならしめむとちかひたまへりとな

り。（真聖全二、七三二頁）

などと語るものも、このことに関連する発想でありましょう。すなわち、親鸞は、真実信心の人は、死後ただちに大般涅槃を超証するところ、この現生において、すでに一生補処なる弥勒菩薩と同じように、菩薩道の第五十一位なる等覚の位に住することとなるというわけです。いまここで「等覚を成り」というのは、そのことについて明かしたものであります。

かくして親鸞は、現世における信心の利益については、仏道の第四十一位なる正定聚、不退転地に住するとも明かし、またさらには、その仏道の第五十一位なる等覚の位に至るとも、領解していたことが明らかであります。

五　当来における救い

1　本　文

成等覚証大涅槃　　等覚を成り大涅槃を証することは、

必至滅度願成就　　必至滅度の願成就なり。

2　語句解説

次の「大涅槃を証する」とは、「涅槃」とはニルバーナ（nirvāṇa・涅槃那・泥洹）の音写で、その意味は、迷いの原因である煩悩の火が吹き消されたことで、それを転じて仏の「さとり」に入ることをいい、漢訳では滅度、寂滅といいます。いま大涅槃を証するとは、そういうまことの仏の「さとり」を開くことをあらわします。また「滅度」とは、生死、「まよい」を滅して、彼岸なる仏の「さとり」の世界に渡ることをいい、それは涅槃と同じことを意味します。いまここで「必至滅度の願」というのは、真実信心のものは、来世には必ず滅度、仏の「さとり」に至らしめんという、阿弥陀仏の誓願のことで、〈初期無量寿経〉の『平等覚経』、および〈後期無量寿経〉の『無量寿経』『如来会』『サンスクリット本』それぞれの第十一願文に、そのことが誓われていることを意味します。

3　法味領解

親鸞が、その『無量寿経』の第十一願文に、

たとい我仏をえんに、国の中の人天、定聚に住し、必ず滅度に至らずば、正覚を取らじ。（真聖全一、九頁）

と説かれる文にもとづいて、その「定聚に住し」とは、信心における現生の利益と捉え、その「必ず滅度に至る」を、当来における浄土往生の利益と理解したことは、すでに上において明かしたところです。なお親鸞は、『尊号真像銘文』において、ここの文を註解して、

証大涅槃とまふすは、必至滅度の願成就のゆへに、かならず大般涅槃をさとるとしるべし。滅度とまふすは大涅槃也。（真聖全二、六〇〇頁）

と明かしております。

なおまた親鸞が、このように真宗信心の利益について、現生と来世とに分割して理解したのは、『勝鬘経』などで、涅槃、仏の「さとり」について解釈するのに、「有余《うよ》涅槃」と「無余《むよ》涅槃」を語ることに、もとづいたものであろうと思われます。すなわち、有余涅槃とは、この肉体をもったままの仏の「さとり」をいい、そこではなお肉体の存在にもとづくさまざまな束縛が残っているところから、それを余りある、不完全なる「さとり」ということで有余涅槃といい、肉体が滅して一切の束縛を離れたところ、それを余りのない、完全なる「さとり」ということで無余涅槃といいます。いま親鸞が、真宗における仏の「さとり」について、それを現生（肉体をもったまま）の利益として、正定聚、不退転地、等覚を語り、また当来の浄土往生（肉体を滅したのち）の利益として、涅槃、成仏を語っ

たのは、仏教におけるこのような有余涅槃、無余涅槃の思想にもとづいて、そのように領解したものとうかがわれます。

第五章　釈迦仏を讃える文

一　釈迦仏の誕生とその生涯

1　本　文

如来所以興出世　　如来世に興出したまうゆえは、

2　語句解説

ここでいう「如来」とは釈迦仏を指します。この釈迦仏は、紀元前四六三年ごろに、インドの北部、現在のネパールの釈迦族の中心地であった、カピラヴァスツのルンビニーで誕生したと伝えます。その父は釈迦族の王であったシュッドーダナ（Śuddhodana・浄飯王）といい、母はマーヤー（Māyā・摩耶夫人）といいます。そしてその名前はゴータマ・シッダールタ（Gautama・Siddhārtha・瞿曇・悉達多）といいました。成長の末、妃を迎えましたが、その名はヤショーダラー（Yaśodharā・耶輪陀羅）といいました。また二人の間には男子ラーフラ（Rāhula・羅睺羅）が誕生しましたが、このころから人生の問題をめぐって深く煩悶するようになり、ついに二十九歳にして、一切の世俗を棄てて出家し求道をはじめました。そして修定主義の道に入り、禅定なる精神統一の行を修めましたが、それに満足できず、さらに道を求めて苦行主義の道に入り、肉体を徹底して制御することにより、新しい精神の自由の獲得をめざす行業を修めること、六年におよびましたが、そこでも何ら心の平安をうることはできませんでした。そこでその苦行林をでて、ナィランジャナー河（尼連禅河）で沐浴ののち、村娘が捧げた牛乳粥を飲んで体力を回復し、新しい道を求めて、ブッダガヤー（仏陀伽耶）の菩提樹のもとで、端坐瞑想をはじめ、やがてこの人生と宇宙を貫徹する真理について、廓然大悟して仏の「さとり」を開きました。まさしく求道の完成としての成道です。時に三十五歳でありました。それ以来、彼はブッダ（Buddha）、覚者と呼ばれるようになります。

そしてその後に、釈迦仏は、サルナート（鹿野苑）におもむき、かつてともに修行したところの仲間五人に対して、最初の説法をしました。ここから伝道がはじまります。のちに初転法輪といわれるゆえんです。そして釈迦仏は、八十歳にして入滅するまでの四十五年間、中インドのガンジス河の流域を中心に、毎年の雨期には、安居《あんご》として定住生活をしましたが、それ以外の時期には、休むことなく教化、伝道の旅を続けました。そしてその間、さまざまな悲劇や事件にも遭遇しましたが、数多くの仏弟子を育て、また各地で多くの人人と結縁して、無数の善男子、善女人なる仏教徒を教導していきました。そして八十歳にして、北方に向かう最後の旅路の途上、クシナガラ（Kuśinagara）の郊外の林の園で、最後の説法をしたあと、沙羅双樹《さらそうじゅ》の間で、頭を北にして横臥し入滅したといいます。それは今からおよそ二千五百年前の、紀元前三八三年ごろであったと伝えます。

3 法味領解

そこで私たち真宗者は、この釈迦仏をいかに捉えるかということですが、それについては、親鸞における明快な教示が残されております。すなわち、親鸞には、いつごろの作品かは不明ですが、『二尊大悲本懐』と呼ばれる一幅の軸物が伝わっています。その親鸞自筆のものは、現在では東本願寺に蔵されております。それによると、中央上段に、太字で釈迦仏の出世を讃える文を書き、その下にその文を註解して「教主世尊之大悲也」と結ばれています。そしてその中央下段には、太字で阿弥陀仏の誓願を讃える文を書き、その下にその文を註解して「阿弥陀如来之大悲也」と結んでおります。この軸が『二尊大悲本懐』と呼ばれるゆえんです。そしてその最上段には、細字で源信の『往生要集』の文と、覚運の『念仏宝号』「念仏偈」の取意の文を書き、またその最下段には、細字で『無量寿経』の発起序の五徳瑞現の文と、出世本懐の文が書かれております。これは親鸞が本尊として敬礼したものであろうといわれています。ところで、その最上段に書かれている覚運の「念仏偈」にもとづく、親鸞の取意の文には、

一代の教主釈迦尊、迦耶にして始めて成るは実の仏に非ず。久遠に実成したまへる弥陀仏なり。永く諸経の所説に異る。（親鸞全集、写伝篇2、二〇八頁）

と記されております。この覚運の「念仏偈」の原意は、迦耶《がや》（正しくはカピラヴァスツ・迦毘羅衛、『浄土和讃』左訓参照）において誕生した釈迦仏は、応身仏であって久遠実成の実仏ではない。それに准例すれば、浄土において成仏した阿弥陀仏も応身仏であって、別に久遠実成の阿弥陀仏が存在する。その点、諸経の所説とは相違する、というものです。しかしながら、いまの親鸞における取意の文は、明確に、この迦耶に応現した釈迦仏とは、すなわち、久遠実成の阿弥陀仏である、そのことは諸経の所説とは永く相違している、というわけです。ここで親鸞は、釈迦仏とは、すなわち、阿弥陀仏にほかならないといいます。このことはまた、その『浄土和讃』の「諸経意阿弥陀仏和讃」において、

久遠実成阿弥陀仏　　五濁の凡愚をあはれみて

釈迦牟尼仏としめしてぞ　迦耶城には応現する（真聖全二、四九六頁）

と説くところにも重なるものであります。

かくして、そのことからしますと、親鸞においては、釈迦仏とは、そのまま阿弥陀仏であると領解していたことがうかがわれるわけであって、いまこの「正信偈」において、「如来世に興出したまふゆえは、ただ弥陀本願海を説かんとなり」という文は、さらにいうならば、この『無量寿経』とは、阿弥陀仏自身の直説にほかならない、ということを意味するともいいえましょう。このことは、親鸞における独自の釈迦仏領解として、充分に注目されるべきところであります。

なおまた、親鸞は、この「如来世に興出したまふゆえは」の文については、その『尊号真像銘文』において、詳細に、

如来所以興出世といふは諸仏の世にいでたまふゆへはとまふすみのり也。唯説弥陀本願海とまふすは、諸仏の世にいでたまふ本懐はひとへに弥陀願海一乗のみのりをとかむとなり。しかれば『大経』には如来所以興出於世欲拯群萌恵以真実之利とときたまへり、如来所以興出於世は、如来とまふすは諸仏とまふす也、所以といふはゆへといふみこと也、興出於世といふは世に仏いでたまふとまふすみこと也。欲拯群萌は欲といふはおぼしめすとなり、拯はすくはむとなり、群萌はよろづの衆生をすくはむとお

ぼしめすと也。仏の世にいでたまふゆへは、弥陀の御ちかひをときて、よろづの衆生をたすけすくはむとおぼしめすとしるべし。（真聖全二、六〇〇～六〇一頁）

と註解しているところです。

二　出世本懐の経典

1　本　文

唯説弥陀本願海　　ただ弥陀本願海を説かんとなり。

2　語句解説

この文は、『無量寿経』が、阿弥陀仏の本願を開顕するために教説されたことを明かすもので、ここで「ただ説かんとなり」とは、釈迦仏とは、唯一この本願の教法を説くためにこそ、出現したということを意味します。そして次の「弥陀本願海」とは、阿弥陀仏の誓願、ことにはその中の第十八願、念仏往生の道を意味します。ここで「海」というのは、広さと深さをあらわす言葉で、その本願、念仏往生の道が、あらゆる人人にもっともふさわしい広くて易しい道であり、その道こそが、もっとも究極的な深さをたたえた、真実の仏道であることをあらわします。かくしてここで「如来世に興出したまふゆえは、ただ弥陀本願海を説かんとなり」と明かすのは、この『無量寿経』が、あらゆる経典の中で、もっとも真実の教法であるということを主張しているわけです。

3 法味領解

すなわち、親鸞は、ここで阿弥陀仏の本願について教説したところの『無量寿経』こそが、もっとも真実の経典であるというわけですが、親鸞は、いかなる根拠をもって、そのように考え、主張するのでしょうか。

それについては、その『教行証文類』の「教文類」によりますと、この『無量寿経』が唯一真実の経典であることは、その『無量寿経』が、釈迦仏の出世本懐の経典であるからだと論述しております。すなわち、その『無量寿経』の冒頭において、釈迦仏が、この教法を説く前に、いつもとは相違して、ことにその相貌が優れていたので、仏弟子の阿難がその理由を尋ねたところ、釈迦仏が、その質問に応えて、あなたの問いは、深い智慧にもとづき、また多くの人人を愍念してこそ生まれたものであると讃えながら、

如来は無蓋の大悲をもって三界を矜哀す。世に出興するゆえんは道教を光闡して群萌

をすくい、恵むに真実の利をもってせんと欲してなり。（真聖全一、四頁）

と応答されたと説かれております。この文章は、その内容にもとづいて、出世本懐の文といわれるものです。そこで親鸞は、その「教文類」に、この文を引用して、「しかればすなわち、この顕真実教の明証なり」と語り、この『無量寿経』こそが、唯一真実の経典であると主張しております。

しかしながら、大乗仏教の多くの経典には、同じように、このような釈迦仏の出世本懐の教法を意味する文章が見られるところです。『般若経』『華厳経』『法華経』『菩薩瓔珞経』『守護国界主陀羅尼経』などがそうです。ことにその中の『法華経』については、その序品において、「諸仏世尊は、ただ一大事の因縁をもってのゆえに世に出現する」という文言があります。そしてこの『法華経』については、『無量義経』と『観普賢経』とをあわせて、「法華の三部経」といいますが、その『無量義経』については、『法華経』を前提として説かれたと思われるところが多くあり、中国で撰述されたものだともいわれていますが、天台宗では、『法華経』の前に説かれた経典だと解釈いたします。そしてそこには、「四十余年いまだ真実を顕さず」と語られる文があるところから、それにもとづいて、釈迦仏が最後に教説されたものが、この『法華経』であるといい、この経こそが出世本懐の経典であると主張しております。親鸞は、およそ二十年間にわたって、比叡山で天台教学を学んだわけですから、このような『法華経』の意義については充分に承知していたはずです。しかしながら、親鸞は、そのことについてはまったくふれないままに、『無量寿経』には、釈迦仏出世本懐の文があるところから、この経典こそが、唯一真実の経典であると主張しているわけです。このことをめぐってはいかに理解すべきでありましょうか。

そこで私の領解するところでは、親鸞は、いちおう従来の経典解釈の論理、その形式にしたがって、『無量寿経』にも出世本懐の文があるところから、そのような経文にもとづいて、『無量寿経』の真実性を主張しましたが、親鸞が、この『無量寿経』が真実の経典であると認知したのは、それとはまったく別の論理により、自己自身の主体的な経典解釈にもとづいてこそ、そのように領解したものであろうと思われます。そのことはすなわち、すでに上において見たように、親鸞は、その『二尊大悲本懐』の文において、

一代の教主釈迦尊、迦耶にして始めて成るは実の仏に非ず。久遠に実成したまへる弥陀仏なり。永く諸経の所説に異る。

と明かしているところで、一代の教法を開説した釈迦仏とは、本来的には阿弥陀仏であって、その久遠実成の阿弥陀仏が釈迦仏と示現してこそ、もろもろの経典を開説されたものであると領解したわけであります。

かくして、その意味においては、この『無量寿経』とは、阿弥陀仏の直説にほかならな

いわけであって、この『無量寿経』がもっとも真実にして、あらゆる経典の中の根本の経典ともいいうるわけであります。親鸞が、その「教文類」において、『無量寿経』が唯一真実の経典であると主張したのは、本質的には、そういう釈迦仏観にもとづいていたことが知られるところです。

三　親鸞における「もの」と「こと」

親鸞の著作の文章を読んでいますと、そこでは「もの」と「こと」とが明確に区別されて、親鸞は、仏法、本願の論理を語るについては、それは「もの」のはなしではなくて、つねに「こと」のはなしとして語っていることが知られます。そのことはさらに溯るならば、大乗仏教の基本の論理でもありますが、この問題については、真宗の教えを学ぶにあたっては充分に留意すべきことであります。すなわち、ここで「もの」と「こと」というのは、仏法について説明するにあたり、それを名詞として客体的な「もの」と捉えて語るか、あるいはそれを動詞として、主体的な「こと」と捉えて語るかということです。名詞の「もの」として捉える場合には、つねに主客二元的であり、客体的、観念的、抽象的に語られます。それはあえていいますならば部派仏教的な発想です。しかしながら、それを動詞の「こと」として捉える場合には、必ず主語がともない、つねに主客一元的であり、主体的、現実的、具体的に見られております。それはあえていいますならば大乗仏教的な発想です。

そのことは、たとえば「生命」といえば、これは名詞で主語をもたない「もの」のはなしです。しかしながら、それを「生きる」と表現すれば、これは動詞であり、それは、必ず主語をともなった「こと」のはなしであり、そこには必ず自己に対する他者が存在します。いまここでいう「もの」と「こと」とは、そういう名詞の「生命」か、動詞なる主語をもった「生きる」ということかというはなしです。

親鸞は、その著作においては、ことに『教行証文類』においては、その全篇にわたり、まさしく主体的な「こと」のはなしとして、叙述していることが知られてきます。しかしながら、従来の伝統教学においては、覚如、存覚、蓮如をはじめとして、代代の教学者たちは、それについてはまったく無知、不明であるところ、親鸞の文章をすべて客体的、主客二元的な「もの」のはなしとして捉えて説明するのみで、その本質を的確に読解しえてはおりません。まことに稚拙にして、浅薄きわまる解釈といわざるをえません。

以下そのことについて具体的にいいますと、親鸞は、真宗教義の綱格としての「教、行、信、証」の四法については、それをいずれも動詞の「こと」として、主客一元的、主体的、具体的に捉えているところです。

すなわち、その「教」については、それをまったく動詞として、具体的、主体的に、いま現に私に向かって届き、働きかけつつあると捉えています。教法とは、それをたんに客体的、対象的に見るならば、何の意味もありません。教法とは、それを自己の人生生活の心の糧として、その生きざまの指針として求めてこそ、まことの意味をもつものです。それを求めないものにとっては、どれほどの優れた教言でも、それはまったく猫に小判、豚に真珠のたぐいです。教法とは、まさしく客体的な名詞としての「もの」ではなくて、主体的な動詞としての「こと」なのです。上に見たところの、『無量寿経』とは、釈迦仏が阿弥陀仏について説いたものでありながら、それはまた、阿弥陀仏が釈迦仏となって、自らについて説いたものだと捉えた、親鸞の領解が意味するとおりです。

そしてまた、その「行」については、その『教行証文類』の「行文類」においては、それを基本的には、私の称名念仏行と捉えます。そしてそれはより具体的には、諸仏さらにはまた阿弥陀仏の称名行だといいながら、また同時に、それは私の称名行でもあると理解いたします。すなわち、称名とは、私から阿弥陀仏に向かう私の称名行であるまま、それはそのまま、阿弥陀仏から私に向かう阿弥陀仏の称名行であるともいいます。そのことはまた、すでに上において見たように、「真実の信心は必ず名号を具す」（「信文類」真聖全二、六八頁）といって、名号（仏）と称名（私）を即一して理解しているところにも、よくうかがわれるところです。まさに「こと」として、主客一元的な動詞としての理解であります。

そしてまた、その「信」についても、親鸞は、「信文類」の「別序」において、真実信心を説明するについて、それを私の信心として、信楽（チッタ　プラサーダ）と捉えながらも、またそれを阿弥陀仏の信心として、真心（まことのこころ）と捉えます。そしてまた、そのことは「信文類」において本願の三信心を明かすについて、その教義を釈すところでも、その至心、信楽、欲生の三心のいずれについても、それを阿弥陀仏における三心と捉えながら、またそれを、私における三心としても捉えているわけで、親鸞においては、信心とは、私の信心でありながら、それはそっくりそのまま、阿弥陀仏の信心でもあるというのです。「大信心は仏性なり、仏性すなわち如来なり」（『浄土和讃』真聖全二、四九七頁）と明かすところです。まさしく「こと」として、主客一元的な動詞としての領解であります。

そしてまた、その「証」についても、その「証文類」の冒頭に明示するように、それは私においては「無上涅槃の極果」でありながら、それはまた「利他円満の妙位」でもあって、私における往相、往生浄土なる証果成仏の自利とは、そのままそっくり、還相、還来穢国なる利他教化の利他を意味するものにほかなりません。すなわち、その証とは、まさしく動詞なる「こと」として、自利利他円満、往還二廻向なる主客一元的な、私と他者とが即一する証であるというわけであります。

かくして、親鸞における『教行証文類』は、その全篇にわたって、「こと」のはなしとして叙述されているわけであって、そこでは名詞としての「もの」のはなしは、まったく存在しないことを思うべきであります。伝統の教団教学の発想が、いかに親鸞の真意に叛いて、誤謬であるかが明白でありましょう。その詳細については、『教行証文類―真宗学シリーズ8』（第一章序説）を参照してください。

四　親鸞における教法観

いまその「教」について、さらにその詳細を明かしますと、親鸞は、その「化身土文類」に『大智度論』の指月の指の譬喩を引用して、仏法の教説とは、天空に輝く月を、地上において指をもって指示するようなものだといいます。その天空の月が仏道がめざす究極的な真理を意味し、その指が教説を意味するわけです。私たちは、おたがいに毎日の生活にまぎれて、天空に輝く美しい月を仰ぎ見ることがありませんので、肩を叩き天空を指さして、あの月を見るようにと教示します。いまの仏教の経典も、その月を教える指のようなものだというわけです。それが仏教における教法の基本的な意味です。その点からすれば、仏教における教法とは、たんなる主客二元的な「もの」、名詞でしかないと思われるかもしれませんが、いまの指月の指の譬喩にしたがっていいますと、指によって月を指さし、その指によってこそ、はじめて月を見ることができるのですが、その指が指としての働きをもつことができるのは、その月から届くところの月の光によってこそです。暗闇では指の意味がありません。月の光の働きによってこそ、指は指の意味をあらわすことができるのです。その意味において、二元的、客体的な「もの」としての指をとおしてこそ、月を見ることができるわけですが、またその指は、月そのものの働きなくしては、その意味をもちえないところ、指と月、教法とそれが指示する究極的な真理とは各別ではなく、その指、教法とは、まさしく主客一元的な「こと」としての動詞にほかならないわけです。

仏教においては、その教法、経典をスートラ（sūtra・修多羅）と呼びますが、このスートラとは、動詞の縫うという語から作られた名詞で、それは糸、紐《ひも》、経《たていと》、緯《よこいと》などの意味があり、インドでは、古くから宗教的な文言をそう呼んでいましたので、仏教でもそのように呼ぶようになったわけです。そこで漢訳では、経、契経、経典などとあらわしてきました。しかしまた、仏教では、釈迦仏の教説を、アーガマ（āgama・阿笈摩・阿含）

ともいいます。このアーガマとは、もともと近づく、到来することを意味して、伝承されたところの教法をいい、漢訳では、教、聖教、教法などと明かされてきました。

そのことについては、のちの無着の『摂大乗論』（真諦訳）が「最清浄なる法界より流るるところ」（大正三一、一七三頁）といい、天親の『摂大乗論釈』（真諦訳）では、「この法は大悲の所流なり」（大正三一、二二二頁）といい、また護法の『成唯識論』（玄奘訳）では、「法界等流の教法」（大正三一、四八頁）と明かされているところです。いずれもその教法とは、法界、真如が、それ自身の必然として、主客一元的な「こと」、動詞として、この世俗、私に向かって等流し、働きかけてきたものということをあらわします。いま釈迦仏の教法を、アーガマといったことの意味はここにあるわけです。

そのことについて、親鸞は、「聞光」（『浄土和讃』真聖全二、四八七頁）ということを語ります。この語は、すでに上にも見たように、もと『無量寿経』に「その光明の威神功徳を聞く」（真聖全一、一七頁）という文、さらにはまた、曇鸞の『讃阿弥陀仏偈』にもとづいたものですが、「光を聞く」とは、経説、教法とは光明であるという領解にもとづいて語られたものでしょう。親鸞はまた、その最晩年の八十八歳にして執筆した『弥陀如来名号徳』の最後に、「南無不可思議光仏」と書き、それに左訓して、「南無は智慧なり、不可思議は理なり、光仏はキヤウなりとしるべし」（真聖全二、七三七頁）と明かしておりますが、その「キヤウ」とは何か。親鸞が「キヤウ」と訓む漢字は「境」「形」「経」などがありますが、ここでいう「キヤウ」とは、形または経のことではないかと推察、想像いたします。親鸞は、「光仏」、阿弥陀仏が光明無量の仏であるといわれるとき、その光明とは、形態をもったところの経典、教法を意味すると領解していたのではないかということです。そのことは上に見た「聞光」という表現にも重なるものでありましょう。光明とは、私にとっては厳しく照破して、私の煩悩、罪業の現実を自覚せしめてくれます。そしてまた光明とは、私を優しく照育して、私の心性、霊性を育て、人格主体を成熟させてくれます。そして私自身が、人間的に少しずつ脱皮せしめられ、成長をうながされることとなります。それが光明、教法の意味で、それはまったく主客一元的、主体的な「こと」としての動詞にほかなりません。親鸞における教法とは、そういう意味を宿しているものでありましょう。

五　釈迦仏の教えを信ずべし

1　本　文

五濁悪時群生海　　　五濁悪時の群生海、

応信如来如実言　　如来如実のみことを信ずべし。

2　語句解説

「五濁悪時」とは、邪悪な時代、社会のことで、五濁とは、劫濁（時代が濁れて悪くなる）、見濁（人人の見解、思想が濁って悪くなる）、煩悩濁（人人の三毒の煩悩がさかんになって人間性が低下してくる）、衆生濁（人人の心身が衰微して苦悩が多くなる）、命濁（さまざまな災難が襲って人人の寿命がもろくなってくる）ことをいいます。また「群生海」とは、多くの生きとし生けるもののことです。「如来如実のみこと」とは、釈迦仏のまことの教言のことで、より具体的には、『無量寿経』の阿弥陀仏の本願の教えのことをいいます。『尊号真像銘文』には、

「五濁悪時群生海、応信如来如実言」といふは、五濁悪世のよろづの衆生、釈迦如来のみことをふかく信受すべしと也。（真聖全二、六〇一頁）

と明かしております。

3　法味領解

ここでは、上の釈迦仏を讃える文を結んで、その釈迦仏の教説、阿弥陀仏自身の直説と

しての本願の教法を、正しく信受すべきことを明かすわけです。

そのことについては、仏法を学び、まことの信心を開発するについては、第一には、何よりも人格に遇うこと、よき先達、先師に出遇うことが肝要です。よき人、先人に出遇ったという実感なくしては、仏に出遇うことはできません。親鸞は、その「信文類」と「化身土文類」に、『大般涅槃経』の、

また二種あり。一には道ありと信ず、二には得者を信ず。この人の信心ただ道ありと信じて、すべて得道の人ありと信ぜざらん。これを名づけて信不具足となすといへり。

（真聖全二、六三頁、一六二頁）

という文を引用しております。ただ道ありと信じ、その道理だけを学んで理解していても、得者、実際に廻心体験をもって、その教えを現に生きている人格に出遇い、それに教導されなければ、まことの信心は開けてはこないというのです。親鸞は、この文に深く共感することがあったのでしょう。『教行証文類』の中で、二度も引用しているところです。かつて七里恒順氏が、電車に乗るためには、いかに線路のまわりをウロウロ歩いてもだめで、駅にいって、乗車券（先師）を求めることが大切だといったとおりです。

そして第二には、教法を学び、聞法するについては、それを学ぶ姿勢、その教法に対する角度が重要だということです。これはもう四十年も以前のことですが、アメリカの宇宙

衛星船アポロ号が、月の世界に飛んでいったときのことです。そのアポロ号が月の世界から地球に帰還してくる、朝の新聞記事を読んだだけの知識ですが、そのアポロ号が地球に近づいて大気圏に突入するときには、ものすごい空気抵抗があって火だるまになるというのです。だからそのときには、地上からの電波操作も届かないので、中に乗っている飛行士が、全神経を集中して、手動で地球に対する角度を定めなければならない。もしその角度を誤ったら、アポロ号は空気の抵抗をうけて地球には帰還できず、星くずとして宇宙の彼方に、飛んでいかなければならないということでした。確かに後日、私がアメリカに行きましたときに、ワシントン・D・Cの科学博物館で、その衛星船の現物を見ましたが、外装ははげしく焼けただれた感じでした。私はその新聞の記事を読みながら、このことは、私たち仏法を学問し、聞法しているものにとっても、まったく同じことがいえるのではないかと思ったことです。むつかしい書物を開いて、いろいろと理屈をいいながら学問していても、その角度が正しく定まっていなかったら、仏法の本義、本願の核心に焦点があっていなかったら、何年学問しようとも、まったく無意味なものになるのではないか。そしてまた、どれほど長く聞法の座を重ねようとも、その本願念仏の本義に向かって、その角度がぴたりと合っていなかったら、まことの信心を開くこともなく、まったくの徒労におわるのではないか。世間にはそういう僧侶や信者が多いのではないか。たいへん口はばったいことをいいますが、そのときに、私はこのように教えられたことです。何よりもその角度について、厳しく反省し、繰りかえして、それを糺し続けていくことが肝要だと思うことです。

そして第三には、仏法を学ぶということは、経験、体験することだということです。私たちがものを学ぶについては、それを知識として学ぶということと、経験、体験として学ぶということがあると思います。そこで仏法を学ぶについては、何よりも経験するという学びでなければなりません。しかしながら、世の中には、仏法を知識として学んで、それで信心をえたと思いこんでいる人が多くいます。愚かなことです。だが仏法を学ぶということは、その一人ひとりが、自分の人格主体をかけて、仏法、阿弥陀仏に値遇し、その本願、大悲を、具体的に経験することなのです。実際に仏に出遇っている、仏とともに生きている、という確かな実感、経験をもつようになるということです。知的に学んで思いこむことではありません。そうではなくて、深く「思いあたる」ことなのです。たとえば、親の恩とは、山よりも高く、海よりも深いとは、誰でもが知識としては知っていますが、そのことが、自分の人生の中で、何かの縁をとおして、深く思いあたったときにこそ、親の恩がほんとうに知れたということでしょう。そしてそのように思いあたる、親の恩を経験するならば、必ず改めて自分のあり方が反省されて、すこしでも親の恩に報いたいと思うようになるものです。

仏法を学ぶについてもまったく同じことです。仏法をどれほど学んでも、そのことが日常の生活ににじみでないのは、それを知識としてのみ学んで、確かに経験していないからです。仏法を学んで、それを確かに経験するならば、必ずそのことが、自分の日日の生きざまにあらわれてくるものです。

真宗では、そういう経験、体験を「信心」といいます。信心とは、仏法をわが身にかけて経験し、体験することです。そしてそのように信心をうるならば、その必然として、私自身の人生に、信心の「しるし」（『末燈鈔』真聖全二、六八八頁その他）が生まれてくることとなります。仏法、真宗を学ぶということは、何よりもこのように思いあたり、そういう信心が、よく成りたってくるようにこそ学んでいかねばなりません。

第六章　信心の利益を明かす文

一　煩悩と涅槃の即一

1　本　文

能発一念喜愛心　　よく一念喜愛の心を発すれば、
不断煩悩得涅槃　　煩悩を断ぜずして涅槃を得るなり。

2　語句解説

これからは、私たちが真実信心にもとづいて身にうるところの、真宗における利益について明かします。その内容は、①煩悩と涅槃の即一。②同一念仏の道。③信心と現実生活。④横超無碍の人生。⑤念仏者に対する讃歎。⑥難中の難の道です。

そこでまず、煩悩と涅槃の即一については、その「一念喜愛の心」とは、『如来会』の胎化得失の文に、「もし彼の仏の名を聞くことありて、よく一念喜愛の心を生ず」（真聖全一、二一一頁）とあるものによったわけで、それは一念の信心のことを意味します。その一念とは、心相的には無二、無疑なる心をいい、時間的には信心の開発とその相続における、極促、瞬時なる時をいいます。そして喜愛心とは、安らかな喜びの心のことで、親鸞の理解によれば、廻心成立以後の、相続の信心について語ったものです。そして「煩悩を断ぜずして」とは、煩悩を断滅しないままでということ、「煩悩」とは、原語ではクレェシャ（kleśa）といい、心身を乱し悩ます心の働きのことで、「まよい」を意味します。その煩悩については、仏教では、貪欲（むさぼり）、瞋恚（いかり）、愚痴（おろかさ）の三毒の煩悩を語り、またそれに慢（自己に対する主観的な絶対視）、疑（三宝、因果などの仏法が説く道理に対する無知）、見（あやまった五種の見解）を加えて、六種なる根本煩悩を、さらにはまた、そのあやまった五種の見解、すなわち、有身見（わが身が実在であると考えること）、辺執見（ものを極端に考えること）、邪見（因果の道理などを否定すること）、見取見（自分の考えに執着すること）、戒禁取見《かいごんじゅけん》（外教の禁戒、慣行に従うこと）をあわせて、十大煩悩を説いております。そして「涅槃」とは、原語はニルバーナ（nirvāṇa・涅槃那）で、煩悩の火を吹き消した状態、それを転じていくことで、無明（まよい）から

解脱した証悟（さとり）の境地をいいます。それについて親鸞は、『尊号真像銘文』に、

能発一念喜愛心といふは、能はよくといふ、発はおこすといふ、ひらくといふ、一念喜愛心は一念慶喜の真実信心よくひらけ、かならず本願の実報土にむまるとしるべし、慶喜といふは信をえてのちよろこぶこころをいふ也。不断煩悩得涅槃といふは、不断煩悩は煩悩をたちすてずしてといふ、得涅槃とまふすは、無上大涅槃をさとるをうるとしるべし。（真聖全二、六〇一頁）

と解説しております。

3 法味領解

そこで以下、この煩悩と涅槃の即一について考察いたします。真宗における信心とは、すでに繰りかえして明かしたように、その原典としての『無量寿経』の第十八願文、およびその成就文によりますと、この信心とは、原語でいえばチッタ プラサーダ（citta prsāda）で、心が澄んで浄らかとなり、喜びが生まれてくる心の状態をいいます。それはまさしく一元的、主体的な心の状態のことで、決して世間でいうところの、二元的、対象的な、何かに対する心の作用をいうものではありません。かくして、本願寺の伝統教学が、信心について語るところの、「たのむ」「まかす」「いただく」「もらう」などという、二元

的な解釈はまったくの誤解です。親鸞の領解でいえば、

信ずる心のいでくるは、智慧のおこるとしるべし。（『正像末和讃』左訓、親鸞全集、和讃篇、一四五頁）

ということです。すなわち、それはより平易にいえば、宗教的な「めざめ」体験を意味します。

その「めざめる」ということは、深い眠りから眼が覚めるということで、それは眠りと覚めとを、背中あわせに同時に経験する、自覚するということで、それはまた、夜が明けるということにも重ねて捉えられます。すなわち、夜が明けるとは、暗い夜と明るい朝を、逆対応的に同時に経験することをいうわけです。いまも信心を開発するとは、そういう「めざめ」体験として、まったく矛盾対立する二つのこと、すなわち、私における煩悩、罪業と阿弥陀仏における大慈、大悲とを、私の身にかけて、同時に矛盾的に、即一して自覚、体験することをいいます。それが仏教で説くところの信心、チッタ　プラサーダのまことの内実です。

親鸞によれば、阿弥陀仏とは、「この如来、微塵世界にみちみちたまへり。すなわち一切群生海の心《しん》なり」（『唯信鈔文意』真聖全二、六四八頁）と明かすように、つねにこの私の心、生命の中にまで到来しているわけで、私はまさしく地獄の世界から這《は》いあがったものとし

て、いまも地獄の生命を生きているわけですが、その私の地獄の生命の中に、仏の生命をも宿して生きているというのです。かくして、親鸞が教示したところの真宗の仏道とは、その私の地獄の生命の中に宿る阿弥陀仏に、どうして出遇うか、それにいかにして「めざめ」ていくかということです。すなわち、その日日において、ひとえに称名念仏しつつ、そこに「阿弥陀仏の声《みな》を聞く」(『大阿弥陀経』真聖全一、一四二頁その他)ということ、そういう真実信心を開発して、阿弥陀仏に確かに値遇するという体験をもつということです。そしてそういう信心体験をもつことができるならば、そこには必然的に、私における地獄の生命と如来の生命について、絶対矛盾的自己同一的に信知、自覚せしめられてくることとなります。それは親鸞の言葉でいうならば、「地獄は一定」(『歎異抄』真聖全二、七七四頁)という信知と、「往生は一定」(『末燈鈔』真聖全二、六八九頁その他)という二種の信知の、矛盾的、逆対応的な「めざめ」体験の成立です。そしてそのことこそが、真実信心の基本的な内実にほかなりません。

もともと仏教が説くところの証悟、仏の「さとり」というものは、煩悩といい菩提というも、いずれも縁起、空にして、本来的には不二相即するものであるところ、「さとり」とは「まよい」を離れることでありながらも、また「まよい」のほかに「さとり」はないわけで、それは絶対矛盾的自己同一なる構造をもつものであって、それは鈴木大拙氏によれば、Aイコール・ナットA、Aは非Aと等しいという、即非の論理、般若の論理、といわれるべき内実をもっているものであります。

そしてそのことは、親鸞においても同じことであって、親鸞は、

無碍光の利益より　威徳広大の信をえて
かならず煩悩のこほりとけ　すなわち菩提のみづとなる（『高僧和讃』真聖全二、五〇五頁）

罪障功徳の体となる　こほりとみづのごとくにて
こほりおほきにみづおほし　さはりおほきに徳おほし（『高僧和讃』真聖全二、五〇六頁）

悪を転じて徳を成す。（「総序」真聖全二、一頁）

転悪成善（「信文類」真聖全二、七二頁）

といい、また、

転ずといふは、つみをけしうしなはずして善になすなり。（『唯信鈔文意』真聖全二、六二三頁）

などと明かすように、「まよい」と「さとり」、煩悩と菩提、罪障と功徳とは、あたかも氷と水のようなもので、氷、煩悩がとければ水、菩提となり、また氷、罪障が多ければ多い

ほど、水、功徳もまたより多いということで、その両者の関係とは、まさしく転成であって、「罪をけしうしなわずして善になす」ということにほかなりません。すなわち、それはまさしく、上に見たところの、Aイコール・ナットAという、即非の論理にそのまま重なるものであります。そしてそのような絶対矛盾的自己同一という体験は、私の人格主体のもっとも深淵なところにおいて、厳しい心理的な葛藤をもたらすこととなり、それにおいて、古い私が殻を脱ぎながら、新しい私に向かって、人格変容をとげていくこととなります。すなわち、私における人間成長です。親鸞が、真実信心に生きる人を讃えて、「仏に成るべき身に成る」（『弥陀如来名号徳』真聖全二、七三五頁その他）といい、また「如来と等しき人」（『末燈鈔』真聖全二、六八一頁その他）と明かすのは、そういうことをいうわけです。私たちは、どれほど深く仏法を身にえるとも、この煩悩を宿した現身を生きているかぎり仏にはなれません。しかし、信心をうるならば、すでに仏の生命を生きているわけですから、そういうように仏に成るべき身と成り、如来と等しい人になっていくのです。

二　同一念仏の道

1　本　文

凡聖逆謗斉廻入　　凡聖逆謗ひとしく廻入すれば、
如衆水入海一味　　衆水海に入りて一味なるがごとし。

2　語句解説

はじめの「凡聖」とは、凡夫と聖者ということで、いかなる人でもということです。「逆謗」とは、五種の逆罪（殺父、殺母、殺阿羅漢、出仏身血、破和合僧）を犯したものと、仏法を謗《そし》る罪を犯したものをいいます。「廻入」とは、いままでの自分のあやまった心を改めて仏教に帰依することをいいます。「衆水」とは、大小、清濁さまざまな川の水をいい、「海に入りて一味」とは、いかなる川の水も海に入るならば、同じ塩水の一味となるということで、仏法に帰依するならば、過去のことは一切問うことなく、誰でもが、すべて同じ仏の生命を生きることになる、ということを意味します。親鸞は『尊号真像銘

文』に、

凡聖逆謗斉廻入といふは、小聖・凡夫・五逆・謗法・無戒・闡提《せんだい》みな廻心して真実信心海に帰入しぬれば、衆水の海にいりてひとつあぢわいとなるがごとしとたとえたるなり、これを如衆水入海一味といふなり。(真聖全二、六〇一頁)

と明かしております。

3 法味領解

中国の曇鸞は、その『往生論註』に、「同一に念仏して別の道なきがゆえに、遠く通ずるに、それ四海の内みな兄弟とするなり」(真聖全一、三三五頁)と明かしております。この現実の社会では、さまざまな偏見や差別があって、いろいろと相互に自己主張を繰りかえしておりますが、同じように阿弥陀仏の本願を学び、同じように称名念仏して生きるものは、いかなる国家に属し、どのような民族、人種であろうとも、それらの世俗の枠を超えて、すべてが兄弟、姉妹となれるというわけです。心して学ぶべき教言でありましょう。

親鸞もまた、その『歎異抄』において、「親鸞は弟子一人ももたずさふらう」(真聖全二、七七六頁)と語っております。私には弟子といわれるものは一人もおりません。私にかかわって仏法を学ぶ人は、すべて釈迦仏の弟子であって、私にとっては、すべて「御同行」

（『末燈鈔』真聖全二、六八四頁その他）、「御同朋」（『歎異抄』真聖全二、七九〇頁）であって、みんなが同じ道を歩み、同じ教えを学ぶ友人、仲間にほかなりませんというのです。

ことに親鸞が生きた中世の鎌倉時代においては、善人と悪人の区分はきわめて峻厳でありました。当時は、善人とは社会の上層階級の人を意味して、そのもっとも上善の人が天皇で、その側に奉仕する貴族、官僚たちが次の善人でありました。そしてそれに対応して、社会のもっとも下層に生きる人人を悪人と称したわけで、ことに魚や鳥などの狩猟をし、さまざまなあきない、商売するものが、最低の悪人だと理解されていました。厳しい差別の社会であります。しかしながら、親鸞の生きざまには、「同事《どうじ》」という生き方がうかがわれます。この同事とは、仏教において原始仏教以来、説かれてきたところの四摂法《ししょうほう》（布施、愛語、利他、同事）の中のもので、その同事とは、つねに他者の立場にたって尽すという自覚、行為をいうわけで、親鸞は、そのことを充分に承知していたと思われます。すなわち、その『唯信鈔文意』によりますと、中国の元照《がんじょう》（一〇四八〜一一一六）の『阿弥陀経義疏』と、その註釈書の戒度《かいど》（〜一一八一〜）の『阿弥陀経聞持記』にもとづいて説かれている、「具縛の凡愚、屠沽の下類」という文を解説して、

具縛はよろづの煩悩にしばられたるわれらなり、煩はみをわづらはす、悩はこころをなやますといふ。屠はよろづのいきたるものをころしほふるものなり、これはれうし

といふものなり。沽はよろづのものをうりかうものなり、これはあき人なり。これらを下類といふなり。（中略）れうし、あき人さまざまのものは、みないし、かわら、つぶてのごとくなるわれらなり。（真聖全二、六四六〜六四七頁）

と語っております。ここではその「具縛の凡愚」について「われらなり」といい、また「屠沽の下類」についても「われらなり」というわけです。この文の中でいう「具縛の凡愚」とは、その日日の生活において、煩悩にまとわれ悪業にしばられて生きている、私たちの現実の状況を明かしたもので、それについて「われらなり」ということはよく理解できます。しかし、次の「屠沽の下類」とは、屠とは、屠殺、生きものを殺すことを生業とする猟師のことで、沽とは、商売を生業とする商人のことですが、親鸞はそれについても同じように「われらなり」といいます。

親鸞は、猟師や商人の生活を営んだことはありません。にもかかわらず、それについて「われらなり」といったのは、いかなる理由によったものでしょうか。この『聞持記』の本文は、「行文類」（真聖全二、七〇頁）にも引用されていますが、そこでも「屠沽の下類」を「悪人」と呼んでおります。当時の中国では、そういう職業の人を悪人と呼んだわけです。そのことは日本でも同様で、同じように悪人といいました。親鸞はここで、そういう人人を「いし、かわら、つぶてのごとくなるわれら」といっています。この「いし、かわら、つぶて」とは、いずれも下類にして無価値なものということです。そういう下層の人人は、当時の社会では、日本でも中国でも、同じように差別されて、悪人と呼ばれていたわけです。親鸞は、そういう人人に同事して「われらなり」といっているのです。ここには親鸞における社会的、身分的な視座、その姿勢が明瞭にうかがえるところです。

すなわち、親鸞においては、現実の人間生活の本質について深くかえりみるかぎり、そういう猟師や商人の人人のおかげでこそ、自分たちの生活が支えられ、成りたっていることであって、そういう人人とは、そのまま自分自身の生活とは別ではなかったわけでしょう。だからこそ、親鸞は、そういう猟師や商人に同事して、「われらなり」といったものと思われます。ここには釈迦仏の教言としての「同事」の教訓が、見事に継承されていることがよくうかがわれ、親鸞の心の深さが改めて知られてくるところであります。

三　信心と現実生活

1　本　文

摂取心光常照護　　摂取の心光、つねに照護したまう。

已能雖破無明闇
貪愛瞋憎之雲霧
常覆真実信心天
譬如日光覆雲霧
雲霧之下明無闇

すでによく無明の闇を破すといえども、
貪愛瞋憎の雲霧、
つねに真実信心の天に覆えり。
たとえば日光の雲霧に覆わるれども、
雲霧の下明らかにして闇なきがごとし。

2　語句解説

はじめの「摂取」とは、語義としては「摂め取る」ことであって、仏が衆生を救済するために、摂め取って慈悲をそそぐことをいい、『観無量寿経』では、阿弥陀仏は「念仏の衆生をば摂取して捨てたまわず」（真聖全一、五七頁）と説いております。親鸞によれば、その「摂」については、「もののにぐるをおはへとるなり」、「取」については、「ひとたびとりてながくすてぬなり」（『浄土和讃』左訓、親鸞全集、和讃篇、五一頁）と領解しております。この「もののにぐるをおはへとる」とは、「もの」とはこの私のことです。私はいつも仏に叛いて、仏から逃げています。しかし阿弥陀仏は、いつもいつも、この私を後ろからおわえて、私を抱きとってくださるというのです。だから私が仏に出遇うというのは、真正面に向きあって出遇うのではなくて、後ろから「おわえとられ」て、後ろ向きに出遇うのです。改めて大悲の広大さを思うことです。また「心光」とは、すでに上において見たように、仏の光明には、仏身よりでる色光と、仏心よりでる智慧光（心光）があるといわれますが、ここでいう心光とは、その心光（智慧光）をいうわけです。「常に照護したまう」とは、その阿弥陀仏の心光が、私たちを絶えまなく摂めとり、照らし護っていることをいいます。「已に能く破すといえども」とは、信心をうるならば、その光明によって無明の闇が破られ、智慧が生じることをいいます。その「無明」とは、原語はアビデャー（avidyā）で、一切の道理、真相に明らかでないこと、愚痴（自己中心的な我執）の心をいい、それはあらゆる煩悩の発生源となり、「まよい」の根拠でもあります。また「貪愛瞋憎」とは、貪愛とは「むさぼりの心」、瞋憎とは「いかりの心」のことで、人間とは、その本性において無明、愚痴の心を宿しているところ、つねに自分にとって、プラスとなる価値に対しては貪欲（むさぼり）の心を抱き、自分にとってマイナスとなる価値に対しては、瞋憎（いかり）の心を抱くものです。次の「たとえば日光の」という文は、真実信心を開発した人は、すでに無明（まよい）を破って、仏の生命、その明知（さとり）をいただいて生きているわけですから、どれほど多くの煩悩（なやみ）の心が生まれてくるとも、すでに夜が明けると明るくなるように、自分の歩くべき道が確かに見えてくることとなり、決してその人生の道に迷うことはないというわけです。

3　法味領解

親鸞の教示によりますと、真実信心を相続して生きていくということは、このような無明（まよい）と明知（さとり）の、まったく矛盾対立する二つの事態の、かぎりない対立矛盾とその交錯を生きていくということでもあります。すなわち、信心をうるならば、初地、正定聚、不退転地（菩薩道の五十二段階の中の第四十一位）の「さとり」をうるということですから、その必然として、その初地までの無明（まよい）、煩悩（なやみ）の心は破られ、転じられてくることとなります。しかしながら、信心を開発して初地に至るといっても、なおこの肉体を保ち、世俗のただ中に生きているかぎり、無数の無明（まよい）、煩悩（なやみ）の心が残存し、さまざまな人生の障害、苦難は、あいもかわらず次次と生起して、その心は、いよいよ無明、煩悩にとざされていきます。いまの文章は、そのことについて明かしたものです。日ごろ念仏、信心に生きる私にとっては、まことに恥ずかしく浅ましいかぎりの現実の実相です。しかしながら、真実の信心を開発した以上は、どれほど多くの無明、煩悩がおこるとも、すでに浄土への道は開けて、決してその道に迷うことはありません。

この文章をめぐっては、親鸞は、その『尊号真像銘文』に、摂取心光常照護といふは、信心をえたる人おば、無碍光仏の心光つねにてらし、まもりたまふゆへに、無明のやみはれ、生死のながきよすでにあかつきになりぬとしるべしと也。（真聖全二、六〇一〜六〇二頁）

と明かして、信心をうるならば、すでに無明の闇がはれ、生死、迷妄の人生がたちきられて、新しい明るい道がひらけてくるといいます。

しかしながら、親鸞はまた、

貪愛瞋憎之雲霧常覆真実信心天といふは、われらが貪愛瞋憎をくもきりにたとえて、つねに信心の天におほえるなりとしるべし。（真聖全二、六〇二頁）

といって、その信心を生きながらも、現実的には、その日日において、なお多くの貪欲や瞋恚の心をおこしつつ、その無明の雲霧が信心の上を覆うことが多いとなげいています。

そして、さらには、

譬如日月（光）覆雲霧雲霧之下明無闇といふは、日月の、くも、きりにおほはるれども、やみはれてくも、きりのしたあきらかなるがごとく、貪愛瞋憎のくも、きりに信心はおほはるれども、往生にさわりあるべからずとしるべしと也。（真聖全二、六〇二頁）

といって、たとえその信心の上に、どれほど多くの無明、煩悩の心が覆うとも、すでに夜が明けた以上は、いかなる厚い雲や霧がかかったとしても、その下はすでに明るくて、進むべき道は見えて迷うことはないように、念仏者の人生生活においては、決して道を誤ることはないというわけです。真実信心に生きるものの、現実生活について明かされたものです。よくよく心して味解いたしましょう。

親鸞は、その『一念多念文意』に、

凡夫といふは、無明煩悩われらがみにみちみちて、欲もおほく、いかりはらだち、そねみねたむこころおほくひまなくして、臨終の一念にいたるまで、とどまらず、きえず、たえずと、水火二河のたとえにあらわれたり。（真聖全二、六一八頁）

と明かしております。この私が宿しているところの無明、煩悩は、生きているかぎり死にいたるまで、「とどまらず、きえず、たえず」して残り続けて、決して消滅することはありません。それが私の人生生活の実相です。しかしながら、親鸞はまた、上にも見たように、真実信心をうるならば、

摂取の心光、つねに照護したまう。すでによく無明の闇を破す。

と明かします。そしてまた、その『弥陀如来名号徳』では、

念仏を信ずるは、すなわちすでに智慧をえて、仏になるべきみとなるは、これを愚痴をはなるることとしるべきなり。（真聖全二、七三五頁）

とも語っております。真実信心をうるならば、すでに無明の心を破り、愚痴の心から離れることができるというのです。

このことは、まったく矛盾した表現です。これは親鸞自身の現実生活の実相について語ったものでしょうが、信心をうるということは、迷妄の生命を宿しながら、しかもまた、真実なる仏の生命を生きていくということですから、そこではすでに迷いの絆《きずな》はたちきられるのです。そして新しい仏の生命を生きていくということです。しかしながら、この現実の私の生活をかえりみるかぎり、そこにはなお多くの無明、煩悩が次々と生起してくるわけです。まったくの矛盾です。

私は、真実信心に生きるということは、念仏によって育てられた仏の生命を生きる新しい私と、いまもなお地獄の生命を生きる古い私との、かぎりない葛藤、闘いに生きていくことであると思いとっております。その現実は、いつも古い地獄の生命が勝って、新しい仏の生命が負けることの多い日日ですが、いっそう念仏を大切にして、仏の生命をいっそう強く育てつつ生きていきたいものと念じております。

四　横超無碍の人生

1　本　文

獲信見敬大慶喜　　信をうれば見て敬い大いに慶喜すれば、
即横超截五悪趣　　すなわち横に五悪趣を超截す。

2　語句解説

「信を獲れば」とは、真実信心を獲得、開発することをいいます。「見て敬い大いに慶喜する」とは、『無量寿経』の「往覲偈」に、「法を聞きてよく忘れず、見て敬い得て大いに慶ばば」(真聖全一、二七頁)とある文にもとづいたもので、阿弥陀仏の慈悲について深く思うて敬うならば、その信心によって大きな喜びの心が生まれてくることをいいます。なおここでいう慶喜とは、親鸞においては、信心の相続についていうものです。次の「即ち」とは、その獲信の時に即してということで、信心を開発したならば、直ちにということです。「横に超截す」とは、善導の「玄義分」に「横超断四流(横に四流を超断せよ)」

（真聖全一、四四一頁）とあるものによったわけで、信心に生きるものは、仏の働きに導かれて、この人生の苦悩をよく超え渡っていくことをいいます。「超截す」とは、迷いの束縛の綱をよく断ちきり、その苦しみをよく超えていくことをいいます。「五悪趣」とは、五種（地獄、餓鬼、畜生、人間、天上）の迷いの境界のことで、悪趣とも悪道ともいいます。「趣」とはその結果についていい、「道」とはその原因についていったものです。

3　法味領解

ここでは真宗信心にもとづく仏の救済について明かすわけですが、その内容は、上に見たところの、善導の「横超断四流」の文によって示します。すなわち、親鸞は、その文の意味については、『信文類』の真実信心の利益を釈す文において、明快に教示しておりますが、そこでは横超について、「大願清浄の報土には品位階次を言わず、一念須臾のあいだに、速やかに疾く無上正真道を超証す。ゆえに横超というなり」（真聖全二、七三頁）と語っております。真実浄土に往生するならば、一念、一瞬、において、無上涅槃なる、究極の仏の「さとり」を開くことができるというわけです。ここでいう「四流」とは、『大般涅槃経』（大正一二、五二七頁・七七一頁）に明かすように、欲（欲界の煩悩）、有（色界、無色界の煩悩）、見（三界の見惑）、無明（三界の無明）の四種の煩悩をいい、それらを因としてこそ、生、老、病、死の四種の苦悩が生起してくるというのです。

その意味においては、この横超とは、来世の浄土往生の利益であるとともに、真実信心にもとづくところの、この現生における仏の救いをも意味していると理解できましょう。そのあとに、この横超をめぐる助顕のために引用された、善導の『般舟讃』の文の「忻えばすなわち浄土に常に居せり」(真聖全二、七四頁)という文は、親鸞によれば、その『末燈鈔』に、

光明寺の和尚の『般舟讃』には、信心のひとは、その心すでにつねに浄土に居すと釈したまへり。居すといふは、浄土に信心のひとのこころつねにゐたりといふこころなり。(真聖全二、六六二頁)

と説いております。信心に生きるということは、その身はどこまでもこの迷界、世俗にありながらも、その心はすでに浄土に住して、仏とともに生きていくことだと領解していたことがうかがわれます。

またその次に引用する『往生礼讃』の「前念に命終して、後念にすなわち彼の国に生ず」(真聖全二、七五頁)という文については、親鸞はその『愚禿鈔』に、

本願を信受するは前念命終なり。すなわち正定聚の数に入る。文。

即得往生は後念即生なり。即の時必定に入る。文。また必定菩薩と名づくるなり。文。

他力金剛心なり、まさに知るべし。（真聖全二、四六〇頁）

と明かしております。この文は、上の『往生礼讃』の文と、本願成就文を合糅して作文したものですが、ここでは明らかに、今生における信心の利益、その正定聚の内実を明かす文として、信心を開発するということは、その成立についての時剋の極速としての一念において、しかもその一念を、さらに前の念（時間）と後の念（時間）に細分して、その前念には迷界の生命が終わり、その後念には浄土の生命に生まれかわることだと領解し、信心に生きるとは、そのような迷いの「いのち」を断ちきりながら、仏の「いのち」に生まれていくという一念の信心を、連続の非連続、非連続の連続として、相続し、深化しながら生きていくことだと明かしているところであります。

かくして、この断四流とは、その当面では、来世における浄土往生の利益として明かされているわけですが、それはまた、今生の人生における、信心の利益としても理解していたことがうかがわれるところであります。

ただし、従来の伝統教学においては、真宗における救いについては、二説を立てて、一説には光明に摂取されることであるといい、また一説では名号を領受することであるといいますが、そのことによって成立するところの現生における利益としての正定聚とは、存覚の『浄土真要鈔』（真聖全三、一二四頁）および蓮如の『蓮如上人御一代記聞書』（真聖全三、五八二頁）によれば、それは「密益」であり、それはたんなる価値、法徳の付与を意味して、現実の人生生活には、何ら具体的にあらわれてくるものではないというわけです。すなわち、真宗における阿弥陀仏の救いとは、ひとえに来世における浄土往生が約束されるということであって、この現実の人生生活に、何らかの利益がめぐまれてくるということは、まったく語るところはありません。すなわち、仏教の基本の原理である、人格変容を語り、人間成熟を明かすということは、一切否定するわけです。すべてが未来、死後のはなしです。これが伝統教学の信心理解、現生の救いをめぐる解釈です。

しかしながら、仏教において説かれるところの仏の救いについては、一般には「済度」といわれますが、そのことを意味する原語としては、ウッタラナ（uttaraṇa）が想定されます。このuttaraṇaとは、横切る、超えていくということを意味し、この済度も、その「済」とは、齊はととのえることで、済とは、水をととのえる、水を克服することをあらわし、水を渡っていくことを意味します。また「度」も、渡と共通して「わたる」ことをあらわします。かくして、済度とは、さまざまな人生の苦難、障害を、よく超えていく、渡っていくことをあらわします。存覚や蓮如の仏法理解が、いかに誤謬であるかが明瞭でしょう。

すなわち、真宗において仏に救われていくということは、そういう済度を意味して、その信心において、まことの人格主体を確立し、たしかなる自立をえて、どれほどの困難があり、障害に遇うとも、それぞれの人生生活を、前向きにたくましく生きていくこと、済度（わたる）していくことをいうわけです。上に見たところの「横超」という意味も、そのことを明かしたものであります。『歎異抄』にも、「念仏者は無碍の一道なり」（真聖全二、七七七頁）というところであります。真宗において、死ぬことを「往生」と語るのは、真実信心の人は、念仏を申しつつ、死さえも、安らかに超え渡っていく、往いて新しい生命に生きていくということを意味するわけです。

五　念仏者に対する讃歎

1　本　文

一切善悪凡夫人
聞信如来弘誓願
仏言広大勝解者
是人名分陀利華

一切善悪凡夫人、
如来の弘誓願を聞信すれば、
仏広大勝解の者とのたまえり。
この人を分陀利華と名づく。

2 語句解説

その「一切善悪凡夫人」とは、凡夫人とは、私たちのような平凡な社会生活を営んでいるすべての庶民をいいます。その中には、社会的に善人といわれる人も、悪人といわれる人もいますので、「善悪凡夫人」というわけです。「聞信」とは、聞法して信心を学び、聞名して信心歓喜することをいいます。そして「如来の弘誓願」とは、阿弥陀仏の広大な誓願、本願のことです。「仏言」とは、釈迦仏の教言のことであり、「広大勝解の者」とは、『如来会』に「もし善男子善女人等、かの法の中において広大にこれを勝解する者」（真聖全一、二二二頁）と説く文によったわけで、仏法を正しく領解、信解した人ということです。そしてまた「分陀利華」とは、『観無量寿経』の流通分に、「もし念仏する者は、まさに知るべし、この人はこれ人中の分陀利華《ふんだりけ》なり」（真聖全一、六六頁）と説くところから明かしたもので、その分陀利華とは、プンダリーカ（puṇḍarīka）を音写したもので白い蓮華のことです。インドでは、白色をもっとも優れて尊い色と考えますので、花の中でいちばん美しい蓮華の中でも、ことにその白蓮華にたとえて、まことの念仏に生きるものは、白い蓮華のように美しく尊い人だと、釈迦仏が讃えたということです。善導は、その『観無量寿経疏』「散善義」に、この文を説明して、もし念仏の者は、すなわち、これ人中の好人なり、人中の妙好人なり、人中の上上人なり、人中の希有人なり、人中の最勝人なり。（真聖全一、五五八頁）

と語っております。妙好人という名称はここからきたものです。

3　法味領解

釈迦仏が教説した仏教とは、ひとえにありのままなる現実の人間が、あるべき理想の人間をめざして、人格的に成熟をとげていくこと、そういう人間成就、まことの人格主体を確立していく道を教えたものにほかなりません。そしてそのことは、阿弥陀仏の本願の仏道についてもいいうることで、その『無量寿経』の本願文によりますと、その四十八願の中の第一の無三悪趣の願、第二の不更悪趣の願とは、人間成就の願として、私たち一人ひとりが、本願念仏の教えを学ぶことによって、少しずつ三悪趣なる地獄の心（愚痴）、餓鬼の心（貪欲）、畜生の心（瞋恚）の、三悪道の心を排し、転じていくこと（無三悪趣の願）、そしてまた、そういう心が少しでも消滅したら、もはや再び生まれてこないこと（不更悪趣の願）を誓願しているわけです。阿弥陀仏の本願、その第一願文と第二願文とが、このように明かされていることは、浄土教という教法が、まず何よりも、かかる人間成就、人格成長をめざしていることを意味するもので、このことは浄土念仏の教えを学ぶについては、よくよく理解していただきたいと思います。

かくして、真宗念仏の教えも、またひとしく人間成就の道を明かすものであって、その念仏、信心に生きるとは、同じように、古い皮や殻を脱ぎすてて、新しい生命に育てられていくことにほかなりません。そこで親鸞は、その念仏、信心によって育てられた人人を讃えて、およそ十種の呼び名をもって明かしております。すなわち、次に示すところの十種の嘉称がそれです。

1、染香人
2、最勝人（好人、妙好人、上上人、希有人）
3、真仏弟子
4、正定聚の人
5、不退転の人
6、必定菩薩
7、仏に成るべき身に成った人
8、等正覚の人
9、弥勒と同じき人
10、如来と等しき人

その各々の説明については、いまは繁をおそれて省略いたします。詳しくは拙著『真宗教義学』Ⅱ（信楽峻麿著作集7・念仏者をめぐる嘉称）を参照してください。

親鸞における、真実信心にもとづく今生、現身における勝益とそれにもとづく讃歎は、上に述べたとおりでありますが、それはいずれも念仏者一人ひとりが、自己の人格主体、自己の現実の人生生活と、その現実の歴史社会に対する、たしかなる責任主体を成熟させ、確立していくことを意味するものでありました。かくして、そのような念仏的人格主体を確立したものには、またその必然として、新しい人生生活の境地が展開してくることとなるわけで、上に見たところの、真宗における仏の救いというものが、横超（こえる）といい、済度（わたる）といわれる意味が、まさしくここにあるわけです。

六　難中の難の道

1　本　文

弥陀仏本願念仏　　弥陀仏の本願念仏は、
邪見憍慢悪衆生　　邪見憍慢悪衆生、

信楽受持甚以難　　信楽受持することはなはだもって難し、
難中之難無過斯　　難中の難これに過ぎたるはなし。

2 語句解説

その「弥陀仏」とは阿弥陀仏のことで、「本願念仏」とは、第十八願文にもとづくところの念仏往生の道をいいます。「邪見憍慢」とは、根本煩悩なる貪、瞋、痴、疑、慢、見の六種の心の中の、「見」と「慢」についていうわけです。その見については、すでに上の「煩悩と涅槃の即一」のところで見たように、五種の誤ったものの見方、五見の中、よこしまなる見解の「邪見」と、その慢にかかわるところの、他と比較して生まれる自己絶対化、おごりの心、たかぶりの心である「憍慢」をいいます。「悪衆生」とは、そういう邪見、憍慢の心を宿す人のことです。「信楽受持」とは、真実なる信心体験をもつことをいいます。「甚だもって難し」とは、そのことはまことに困難であるということ、「難中の難」とは、困難の中のもっとも困難な道をいいます。「斯れに過ぎたるはなし」とは、これ以上のものはないということです。この文章は、『無量寿経』の流通分の「もしこの経を聞きて信楽受持すること、難の中の難、これに過ぎたる難きはなけん」（真聖全一、四六頁）という文によって作成されたものでしょう。

3　法味領解

浄土真宗の仏道とは念仏成仏の道ですが、『無量寿経』によりますと、その道は「往き易くして人なし」（真聖全一、三一頁）と説かれていて、浄土への道は往きやすいけれども誰も往く人はいない、それほど困難な仏道であると教示されています。親鸞もまたその文章をうけて、真宗の信心とは、「易往無人の浄信」（「信文類」真聖全二、四八頁）であると語っております。

すなわち、親鸞によれば、真宗の仏道を明かすについて、『一念多念文意』では、

この誓願は、すなわち易往易行のみちをあらはし、大慈大悲きわまりなきことをしめしたまふなり。（真聖全二、六一二頁）

と明かして、それはまさしく易往易行の道であるといいます。しかしながら、親鸞はまた、真宗の仏道を明かすについて、『入出二門偈』では、

真宗遇いがたし、信をうることかたし、難中の難これに過ぎたるはなけん。（真聖全二、四八四頁）

と明かし、また『浄土和讃』にも、

善知識にあふことも　おしふることもまたかたし

よくきくこともかたければ　信ずることもなおかたし（真聖全二、四九四頁）

と語って、その道はまことに難中の難なる至難の道でもあると明かしております。

かくして、真宗念仏の道は、易にして難、難にして易なる道であるというわけです。このことはいかなる理由によるものでしょうか。そのことについて親鸞は、その「信文類」に、

しかるに常没の凡愚、流転の群生、無上妙果の成じがたきにあらず、真実の信楽まことに獲ることかたし。何をもってのゆえに、いまし如来の加威力によるがゆえなり。ひろく大悲広慧の力によるがゆえなり。（真聖全二、四八頁）

と説いて、仏果を成ずることは易しいが、そのための信心を獲ることはまことに難しい、なぜならば、その信心を獲ることが、ひとえに「如来の加威力によるがゆえに」、「大悲広慧の力によるがゆえに」といいます。そして親鸞は、その「化身土文類」（真聖全二、一五七頁）、また『浄土文類聚鈔』（真聖全二、四四五頁）においても、同じように、浄土には往き易いが、信心、浄信を獲ることは、まことに難しいといいます。そしてここでもまた、その理由について、その信心が、「仏力より発起するがゆえに」といい、「如来の加威力によるがゆえに」といい、さらにはまた、「往相の廻向によらざるゆえに、疑網に纏縛せらるるがゆえに」といいます。

すなわち、真宗の仏道が易しい道であるとは、それが阿弥陀仏の本願力にもとづくところの、不善作悪者のための仏道、悪人成仏のための道としての、もっとも修めやすい礼拝、称名、憶念の三業奉行の道であるがゆえに、いかなる凡愚であろうとも、その道を修めることはまことに容易であります。しかしながら、その道において、その私から仏への私の称名が、そのまま転じて、仏から私への仏の称名として、私において深く聞かれてくるようになってこそ、阿弥陀仏の大慈大悲にめざめて、信心を開発することになるわけですが、そのためには、何よりも自己自身の現実存在の実相を、徹底して内観し、その虚妄性、欺瞞性について、深く知見し、自覚していくこと、すなわち、その私の心、その胸中を、できるかぎり空《から》っぽにすることが肝要です。すなわち、そういう自己自身の我執、疑蓋を全面的に放棄していくことが大切です。ここでいう「如来の加威力」「大悲広慧の力」「仏力」「往相の廻向」とは、そういう私自身が、その虚妄性、我執性を、全面的に放棄することによってのみ、はじめて私にとってあらわとなり、顕在化してくるものです。だがその現実においては、私自身における我執、疑蓋の放棄ということが、まことに至難であるところ、この真宗の仏道とは、難中の難の道といわれるわけです。自分自身がその現実存在の状況に自己満足し、これで充分だと思っているかぎり、他者からの温かい支援、助力を、感謝して受領する心は生まれてはこないようなものです。自己自身の現実の存在相が徹底して疑問化し、それが虚妄として自覚され、放棄されていかないかぎり、阿弥陀仏の大悲に覚醒し、それを受領することはできません。問題は、そういう私の現実が、どれほど深くかえりみられ、それが徹底して捨てられていくかということです。

平安時代の中期、多くの民衆に浄土念仏を伝えた空也《くうや》（九〇三〜九七二）をめぐって、もとは鴨長明が撰したという『発心集』に、こんな話が伝えられております。

そのころ比叡山延暦寺の別院、三井寺に属する高僧で、宮中の内仏に奉仕する、内供《ないぐ》の一人であった千観《せんかん》（九一八〜九八三）という僧侶がいました。この千観が、ある日、宮中に参上したあと、立派な輿《こし》に乗って京都の町の中を帰っていますと、ボロボロの衣をまとった空也が、鉦《かね》を叩きつつ、おおきな声で念仏をとなえながらやってきました。それが空也であることを知った千観は、ただちに輿からおりて、空也が近づくのをまっていました。やがて空也が眼の前にくると、千観は空也の前に跪き、その汚れた衣の袖をしかとつかんで、

「ちょっとお待ちください。私は日ごろ念仏の教えを学んでいますが、どうもいまひとつ、私の心が落ちつきません。なにとぞ念仏の極意をお教えください」

と必死なおももちでいいました。きらびやかな色衣を着た千観に、衣の袖をつかまれた空也は、ぐっと眼をひらいて、

「何をいわれる。あなたのような高僧にこそ、この私が学ばねばならないのに、私があなたに教えるものは何もありません」

といい、その袖をひきとって、すたすたと歩いていきました。しかし千観は、さらにその後を追って、再びその袖をしっかりと引き、

「どうぞ、ただ一言でもよろしいから、私にお教えください」

必死にたのみました。空也は、その千観の姿をじっと見つめていましたが、やがて、たった一言、

「身を捨ててこそ」

というなり、その袖をふりはらい、何事もなかったかのように、また大きな声で念仏をとなえ、鉦を打ち鳴らしながら去っていきました。千観は、そこにしゃがんだまま、遠くなっていく空也のうしろ姿を、じっと見つめていました。

やがて立ちあがった千観は、そばの供の僧侶に、

「私はもう三井寺には帰らない。どうぞこの色衣と袈裟《けさ》をもって帰ってほしい」

といって、着ていた衣や袈裟を脱いで白衣だけとなり、後ろも見ずに西のほうに向かって、すたすたと歩いていきました。そしてついに大阪の箕面《みのお》に至り、やがて西方がよく見渡される場所に、小さな庵室をかまえました。そしてその後、西国街道の近くにその庵室を移

し、その街道を往来する人人の、荷物を運ぶことで生計をたてながら、もっぱら念仏三昧の日日をすごしたといいます。彼には『極楽国弥陀和讃』という作品がありますが、それはきわめて格調高い言葉をもって、阿弥陀仏の浄土を讃歎し、願生したものです。

親鸞が教えたところの念仏ひとすじの仏道も、またそういう「身を捨ててこそ」といわれる道であり、そのようにして選びとられたところの、念仏の道にほかなりませんでした。親鸞もまた、その『歎異抄』に、

煩悩具足の凡夫、火宅無常の世界は、よろづのことみなもてそらごとたわごと、まことあることなきに、ただ念仏のみぞまことにておはします。（真聖全二、七九二〜七九三頁）

と明かしているところです。ただし今日の私たちは、まったくの在俗の生活を続けて、世俗の中のさまざまなしがらみにまとわれ、また家族というつながりをもって生きているかぎり、何よりもこの世俗の中のさまざまな価値を追求し、それを自分自身の所有とするために、お互いに毎日あくせく暮らしているわけです。その価値とは、自分の生命をはじめとして、金銭、名誉、肉親、愛情などなど、人それぞれに挙げられることでしょう。しかしながら、それらはどれほど求めて手に入れようとも、そのいずれもが、いつ崩れていくか分からないものばかりであり、またやがてはすべて色あせていくものです。だからこそ、

それはそれとしても、それらを厳しく相対化しつつ、決して崩れることもなく、また色あせることもない、究極的な真実をこそ、たしかに選びとって生きていけよというのです。すなわち、この世俗のさまざまな価値は、すべてが末とおらないものばかりだと深く思いとり、ただひとつ念仏こそが真実、それだけが死んでいくときにもっていける宝、「まこと」であると思いさだめて、選び捨て、選び取りつつ生きていけよというわけです。そしてそのことこそが、親鸞が教えたところの、「よろづのことみなもてそらごとたわごと、まことあることなきに、ただ念仏のみぞまことにておはします」という道にほかなりません。

そういう意味においては、真宗念仏の道とは、徹底して身を捨てていく道であって、それはまことに厳しい道といわざるをえません。真宗の仏道が「難中の難これに過ぎたるはなし」と明かされるゆえんです。しかしながら、その道は、とても厳しい道ですが、決して不可能なる道ではありません。その日日、仏壇を中心とする生活を守り、礼拝（身）、称名（口）、憶念（意）の三業を、自らの生活習慣行として確立し、そのことを相続し、徹底していくならば、世俗の価値追求の営みはそれはそれとして、なおそれを超えて、やがてその必然として、一切の世俗の価値が「そらごとたわごと、まことあることなし」と思い知らされてくるようになり、また「ただ念仏のみぞまこと」という信知、そういう実感が、より強く生まれてくるようになってきます。そしてここにこそ、人生の平安が少しずつ味わわれてまいります。これこそが真宗の仏道です。どうぞいっそう称名念仏を大切に生きてまいりましょう。

第七章　龍樹菩薩を讃える文

一　真宗念仏の歴史

1　本　文

印度西天之論家　　印度西天の論家、
中夏日域之高僧　　中夏日域の高僧、
顕大聖興世正意　　大聖興世の正意を顕し、
明如来本誓応機　　如来の本誓機に応ぜることを明かす。

2　語句解説

その「印度西天」とは、印度とは、シンド（Sindhu・インダス河のサンスクリット名）

に由来して、古くは天竺と音訳し、また信度、身毒とも音訳しましたが、印度とは、唐代の玄奘が『大唐西域記』で印度と訳したことにはじまります。西天とは西方の天竺のことです。「論家」とは、論書を作った人のことを意味して、ここでは龍樹菩薩と天親菩薩を指します。「中夏」とは、中華、中国のことで、中とは中央、夏とは、ものが成長する時節で、大きいことを意味し、転じて華となり、中華とは、中央にあってすぐれることを意味します。「日域」とは、日の昇る国ということで日本をいいます。「高僧」とは、すぐれた僧侶のことで、ここでは曇鸞大師、道綽禅師、善導大師、源信和尚、源空上人の祖師を指します。「大聖」とは、釈迦仏のことです。「興世の正意」とは、釈迦仏がこの世界に出現したまうことの意趣ということです。「如来」とは、阿弥陀仏のことです。「本誓」とは、阿弥陀仏の本願のことです。「機に応ず」とは、その本願の教えがよく人人に相応することをいいます。

3　法味領解

ここでは浄土真宗の成立をめぐって、それが釈迦仏の仏教開説にはじまり、それにもとづいて、〈無量寿経〉における阿弥陀仏の本願が、よく民衆に即応して教説されることにより、新しく浄土真宗の仏道が開顕されたことを讃えます。そしてその〈無量寿経〉の意趣が、インド、中国、日本の三国にわたる七高僧によって、よく私たち民衆の心に伝達されてきたことを明かします。

すなわち、ここでは浄土真宗における念仏成仏の仏道の歴史について明かすわけで、釈迦仏の教説と阿弥陀仏の本願にもとづく、七高僧の功績を讃えます。

二　龍樹菩薩の事蹟

1　本　文

釈迦如来楞伽山　　釈迦如来楞伽山にして
為衆告命南天竺　　衆のために告命したまわく、南天竺に
龍樹大士出於世　　龍樹大士世にいでて、
悉能摧破有無見　　悉くよく有無の見を摧破せん。
宣説大乗無上法　　大乗無上の法を宣説し、
証歓喜地生安楽　　歓喜地を証して安楽に生ぜんと。

2　語句解説

そこで「釈迦如来」とは、釈迦仏のこと、「楞伽山」とは、スリランカ（ランカー）にある山のことです。「告命」とは、釈迦仏が予言したということを意味します。「南天竺」とは、南インドのこと、「大士」とは、菩薩のことをいいます。「世にいでて」とは、この世界に出現することをいいます。「有無の見」とは、あらゆる存在をめぐって、たとえば、死後の存在について、何かが残るという考え方を有の見（常見）といい、死後に何も残らないという考え方を無の見（断見）といって、そのいずれの考え方も否定する立場が、龍樹菩薩の般若空の主張です。「大乗無上の法」とは、もっとも勝れたところの大乗仏教の教法を意味します。「歓喜地」とは、菩薩道の階梯五十二段階中の第四十一段目の初地、不退転地のことをいい、この地に至れば、心に喜びが生まれるところからそう名づけます。「安楽」とは、心身が安らかになる世界のことで、阿弥陀仏の浄土をいいます。

3　法味領解

ここでは龍樹菩薩の功績について讃歎するわけです。龍樹菩薩は原名はナーガールジュナ（Nāgārujuna）といい、紀元一五〇年から二五〇年ごろに生存したと考えられます。

彼は南インドに出世して、はじめにバラモン教を修学しましたが、その後に仏教に転向して北インドに移り、大乗仏教を学びました。そしてことには、般若教学の理解について研鑽、修行し、その教法の伝道につくしました。晩年には、再び南インドに帰って没したといいます。ナーガールジュナコンダはその遺跡と伝えております。

その著作については、『中論』『廻諍論』『宝行王正論』『十住毘婆沙論』など、多くの作品が伝えられております。その中で浄土教に関係あるものは『十住毘婆沙論』です。また、その思想については、大乗仏教の般若空の教学に通暁し、またそれをめぐる厳しい行業も修めました。今日の大乗仏教はその影響下にあって、ことに日本仏教においては、八宗（倶舎宗、成実宗、律宗、法相宗、三論宗、華厳宗、天台宗、真言宗）の祖師といわれています。浄土真宗においても、またその七高僧の第一祖にかかげているところです。

そこで釈迦仏が、インドの南、スリランカで、龍樹菩薩の出世を予言、告命したということは、紀元四世紀ごろに成立したという『入楞伽経』に見えるもので、龍樹菩薩の偉大さを讃えてそういったわけでしょう。

三　有無の見を破る

1　本　文

悉能摧破有無見　　悉くよく有無の見を摧破せん。
宣説大乗無上法　　大乗無上の法を宣説し、
証歓喜地生安楽　　歓喜地を証して安楽に生ぜんと。

2　語句解説

語句の意味については、すでに上に明かしたところです。

3　法味領解

龍樹菩薩の基本的な立場は、般若の思想であって、それはすでに、上の第三章弥陀仏を讃える文（二、廻向思想の成立）のところでもふれたように、この世界におけるあらゆる存在は、すべて因と縁とによって生起したもの、縁起したものであり、それらは何らそれ自身固定的な実体をもったものではなく、すべてが無自性にして、空であると理解いたします。かくしてあらゆる存在は、無自性として、有にして無、無にして有なる仮の存在でしかなく、したがってまた、それは非存在の存在、存在の非存在として、空というほかはありません。かくして、この空については、性の立場と修の立場の二種の立場が成立し、その性の立場では、あらゆる存在は空であるという理論が展開されますが、その修の立場からは、そのように、すべてを縁起、無自性、空と知見し、そのように生きていくという、日常的な実践が要求されます。龍樹菩薩における般若思想とは、このような性と修の両者にかかわる、教学とその実践を意味するものであります。そして龍樹菩薩は、そういう般若空観の実践をとおして、多くの著述を作り、また人人を教導し、ついには菩薩道における第四十一位なる初地を証して、死後には阿弥陀仏の浄土に往生したというわけです。

いまここで「悉くよく有無の見を摧破す」と明かすものは、そのような般若、空の思想について語ったものです。そしてそのことは、親鸞においても明瞭に継承されており、「光触かふるものはみな、有無をはなるとのべたまふ」（『浄土和讃』真聖全二、四八六頁）と明かされるところです。ここで「のべたまふ」とは、直接的には曇鸞の教示を指しますが、その根拠は龍樹菩薩の思想によるものです。まことの念仏、信心に生きるものは、あらゆる有無をはなれて、たとえば、死後があろうとなかろうと、そんな有無、分別を離れ、確かに阿弥陀仏の生命とともに、自然、法爾の世界に自立して、安らかに生きていくことができるというわけです。

四　難行道と易行道

1　本　文

顕示難行陸路苦　　難行の陸路苦しきことを顕示して、
信楽易行水道楽　　易行の水道楽しきことを信楽せしむ。
憶念弥陀仏本願　　弥陀仏の本願を憶念すれば、
自然即時入必定　　自然に即の時必定に入る。

2　語句解説

以下の文章は、鳩摩羅什訳の『十住毘婆沙論』「易行品」に教示されるもので、その「難行を顕示して」とは、般若空観がめざすところの、見仏の道なる不得我、不得衆生、不分別法、不得菩提、不以相見仏の五功徳法の道を実践することで、それは陸路を歩くように難行の道です。「易行を信楽す」とは、聞名不退をめざす礼拝、称名、憶念の身口意の三業奉行の道を実践することで、それは水路を舟で進むような易行の道です。「憶念」とは、阿弥陀仏を思念することで、真実の信心を意味します。「自然に」とは、阿弥陀仏の私に対する働きかけによることをいいます。「即の時」とは、ただちにということです。「必定に入る」とは、必定とは、初地、不退転地のことで、真実信心を開発すれば、必ず仏の「さとり」に至ることに決定することをいいます。

3　法味領解

真宗における仏道とは、その原点が〈無量寿経〉にあることはいうまでもありませんが、この〈無量寿経〉が説くところの基本的な仏道とは、聞名にもとづくところの初地、不退転地に至る道をいうわけです。そのことは、『無量寿経』の第十八願成就文に、「あらゆる衆生、その名号を聞きて信心歓喜せんこと乃至一念せん。至心に廻向せしめたまえり。彼の国に生まれんと願ぜば、すなわち往生をえて不退転に住せん」（真聖全一、二四頁）と明かすところです。『大智度論』によりますと、仏を象徴表現するについては、姿形、仏身として象徴する場合と、言語、仏名として象徴する場合があり、前者の仏身の立場からすれば、それと値遇し、それを体験するためには見仏（見）の道が語られ、後者の仏名の立場からすれば、それを体験するためには聞名（聞）の道が説かれますが、その聞名の道こそが、易しい道であると明かされます。真宗における仏道とは、まさしくその聞名の道です。日本仏教の諸宗派の天台宗、真言宗、曹洞宗、臨済宗、浄土宗などは、すべて見仏（見性）なる「見の道」を説きますが、真宗はひとり聞名なる「聞の道」を語っているわけです。このように真宗の仏道が、ひとり聞名（聞）の道であるということは、真宗における仏道のもっとも特徴ある性格であって、このことは真宗を学ぶについては、まず前もって、充分に認識されるべきところであります。

いまここで龍樹菩薩が、難行の道と易行の道を明かすのは、その難行の道とは「見仏の道」のことであり、易行の道とは、「聞名の道」であるというわけです。ところで、その易行道としての聞名の道とは、より具体的には、いかなる仏道をいうのでしょうか。その聞名の道とは、もとは〈無量寿経〉に教説される仏道であって、その〈初期無量寿経〉の中でも、もっとも原形である『大阿弥陀経』によりますと、その往生成仏の行道について誓ったところの本願文が三種あり、その第五願文は、在家者にして不善作悪なるものの道で、そこでは「阿弥陀仏の声」、その「名号」を聞くことが明かされます。そして第六願文は、一般の在家者の道で、そこでは布施をはじめとして、仏塔礼拝、起塔作寺などの善根が説かれ、そしてまた第七願文では、出家者の道として六波羅蜜行を修めることが教示されております。しかしながら、〈後期無量寿経〉においては、その聞名の道がより強調されるようになり、もっとも後期に成立したと考えられる『サンスクリット本』においては、その本願文の中で行道を誓うものは、第十八願文と第十九願文の二願となりますが、そのいずれにも聞名の道が明かされており、〈無量寿経〉の行道とは、ついには、もともと悪人往生の仏道として説かれたところの聞名の道に帰結しており、そこでは聞名するならば、この現生において初地、不退転地を証することができ、来世には浄土に往生すると教説されております。

そこで龍樹菩薩は、当時の多くの民衆にもっともふさわしい、在家者のための菩薩道を開顕するために、このような聞名不退の教説に注目し、その『十住毘婆沙論』の「易行品」において、〈無量寿経〉に説かれている、このような聞名不退の道をはじめとして、その他の経典にも説かれている、同じような聞名不退の教説にもとづきながら、「信方便易行」としての、新しい仏道を開顕、明示いたしました。〈無量寿経〉などの経典では、聞名の道をめぐって、その具体的な行業については、充分に明確に説くところがないわけで、龍樹菩薩はそれについて、新しくその内実を規定したわけです。すなわち、その信方便易行とは、そのような阿弥陀仏の本願による聞名の教説、さらにはその他の経典にも説かれるところの聞名不退の教説について、それを信奉し、それに依拠することを方便、手段として、新しく礼拝（身）、称名（口）、憶念（意）という、身口意の三業を、その日日の人生において、自らの生活習慣行として確立し、それを実践奉行していくならば、それにおいて、ついには仏の声を聞き、その名号を聞いて、仏と値遇するという、宗教的、出世的な聞名体験をうることができると明かしました。このような礼拝、称名、憶念という三業奉行の実践は、経典には明確に教説されるところはなく、まったく龍樹菩薩によって創設されたものでありますが、龍樹菩薩は自らそのことを実践したわけで、それにおいて、信心清浄となって仏との値遇体験をもつこととなり、初地、不退転地に至ることができると明かしております。事実、龍樹菩薩は、その伝記によりますと、初地を覚証したと伝えております。このように、礼拝、称名、憶念という三業の奉行は、まことに易しい行業で、在家者の誰でもが、そのような仏道の志願を抱くならば、容易に修めうる道であって、それはまさしく「易行道」といわれるにふさわしい仏道であります。

そしてこのような易行道の思想が、後世に伝承、展開していくことにより、ついには親鸞によって、明確に継承、発揮されたわけで、親鸞によって開顕されたところの浄土真宗の行道とは、まさしくこのような易行道なる、礼拝、称名、憶念の身口意の三業奉行の道であり、その詳細は、その主著である『教行証文類』に、ことにはその「行文類」と「信文類」に、明確に教説されているところであります（『教行証文類―真宗学シリーズ8』参照）。

その点、浄土真宗における行道とは、まさしく聞名不退をめざすところの三業奉行の道であり、それはより具体的には、その日日において、仏檀を中心とする生活を確立し、ひとえに称名念仏しつつ、その私から仏への私の称名が、まったく逆転して、それはまさしく仏から私への仏の称名、阿弥陀仏の私に対する呼びかけの声として、心深く聞名され、そのように思いあたり、信知されてくるようになることが肝要です。そしてそのように思いあたり、味解されてくるとき、そのような心境、出世的な体験を、真実信心というわけです。かくして、浄土真宗における行道とは、称名、聞名、信心の道といいうるところであります。

妙好人の浅原才市同行（一八五〇～一九三二）は、日日たえることなく称名念仏したといいますが、その彼が、

才市よい、へ。いま念仏したは誰か。へ。才市であります。そうではあるまへ、弥陀の直説。

と詠っているのは、まさしくそういう称名、聞名、信心の即一の仏道を、見事に表白したものでありましょう。

親鸞もまた、龍樹菩薩の教導を拝謝して、その『高僧和讃』（龍樹章）に、

不退のくらいすみやかに　　えんとおもはんひとはみな

恭敬の心に執持して　弥陀の名号称すべし（真聖全二、五〇二頁）

と明かしているところです。ここでいう「恭敬の心」とは、礼拝、憶念を意味するわけで、親鸞もまた、正定聚、不退転地に至るためには、礼拝、称名、憶念の三業を奉行せよと教言しているわけです。かくして、真宗における仏道とは、ひとえにその日日において、仏檀を中心にして称名念仏しつつ、そこに阿弥陀仏の声、私にかけられる仏の志願とその招喚の声を、心深く聞いていくことにきわまるわけです。

五　報仏恩の実践

1　本　文

唯能常称如来号　ただよくつねに如来の号を称して、
応報大悲弘誓恩　大悲弘誓の恩を報ずべしといえり。

2　語句解説

その「如来の号」とは、阿弥陀仏の名号のことで、「つねに称す」とは、その日日に称名念仏することをいいます。「大悲弘誓の恩」とは、阿弥陀仏の本願、大悲の恩徳をいいます。「恩を報ず」とは、仏の恩にむくいることです。ここで「といえり」とは、インドの論書『大智度論』にそういっているということです。

3　法味領解

ここでは称名して、阿弥陀仏の大悲の恩を報じよ、というように明かされておりますが、これは『大智度論』巻第七に、

仏を法王となし、菩薩を法将となす。尊ぶべきところ、重んずべきところは、唯仏世尊なり。このゆえにまさに念仏すべし。また次に、つねに念仏すれば種々の功徳利をうる。たとえば大臣のとくに恩寵をこうむれば、つねにその主を念ずるがごとし。菩薩もまたかくのごとし。種種の功徳、無量の智慧は、みな仏よりうると知る。恩の重きを知るゆえに、つねに念仏す。（大正二五、一〇九頁）

という文にもとづいて明かされたものです。親鸞は、その『高僧和讃』（龍樹章）にも、

智度論にのたまはく　　如来は無上法皇なり
菩薩は法臣としたまひて　　尊重すべきは世尊なり（真聖全二、五〇二頁）

と語っております。すなわち、この『大智度論』の文は、仏法を学ぶものは、あたかも国

王の恩寵をうける臣下が、その国王の恩徳を念ずるように、仏弟子もまた、仏によって、種種の功徳、無量の智慧をうけるわけだから、その恩徳の重いことを知って、いっそう仏に親しく近づき、つねに仏を憶念し、それを尊重すべきであると説いたものです。したがって、この偈文の意味は、念仏者は阿弥陀仏の大悲の恩徳を思うて、いっそう心して仏に身近く生活しつつ、その恩にむくいるように、生きよと教示したものにほかなりません。親鸞は、念仏者の実践について指示する場合には、つねに称名念仏しながら行動せよと語ります。

そして親鸞は、阿弥陀仏の恩徳を思うものは、その報恩のためにこそ、積極的に行動すべきことを教言しております。すなわち、その『親鸞聖人御消息集』には、

往生を不定におぼしめさんひとは、まづわが身の往生をおぼしめして、御念仏さふらふべし。わが身の往生一定とおぼしめさんひとは、仏の御恩をおぼしめさんに、御報恩のために御念仏こころにいれてまふして、世のなか安穏なれ、仏法ひろまれとおぼしめすべしとぞおぼえさふらふ。(真聖全二、六九七頁)

と語ります。仏恩を思うものは、いっそう念仏をもうしつつ、「世のなか安穏なれ、仏法ひろまれ」と念じて、たくましく行動をおこせよというわけです。かくして、上に見た「ただよくつねに如来の号を称して、大悲弘誓の恩を報ずべしといえり」という文も、上

に見た『大智度論』の文によるものであって、称名がただちに報恩の行業になるということではなく、つねに称名念仏しながら、そのことを前提、根拠としてこそ、よく報恩の行為を実践せよということであります。そしてその「世のなか安穏なれ」とは、この日本の社会が、またこの世界、人類の全体が、平和で平等であり、安穏であるようにということです。また「仏法ひろまれ」とは、そのことが何よりも、真宗念仏、仏法、ひろくはまことの宗教の徹底によって、人間一人ひとりの人格的な成熟にもとづいてこそ、形成されてくるようにということです。そしてそのことこそが、親鸞が抱いたところの、念仏者の生きざまとしての、「世のいのり」（『親鸞聖人御消息集』真聖全二、六九七頁）に生きるということの内実でありましょう。

このような親鸞における「世のなか安穏なれ」という教言をめぐっては、西本願寺教団は、かつて日中戦争の勃発に際して、昭和一二（一九三七）年八月に、『仏教と戦争』という小冊子を発行しましたが、その中で、この「世のなか安穏なれ」という親鸞の言葉を引用して、中国に対する侵略戦争を全面的に正当化しております。そのことはひとえに、ここで親鸞がいっている「わが身の往生一定とおぼしめさんひと」でないものが、「御念仏こころにいれてまふして」ということを欠落したままで、すなわち、真宗信心にもとづく確かなる人格主体を確立していないものが、また真宗念仏にもとづいて、一切の社会状況、国家体制をも、「よろづのこと、みなもてそらごと、たわごと、まことあることなし」として、厳しく批判し、相対化するという視点をもたないものが、真俗二諦という教団伝統のあやまった教学論理にしたがって、簡単に時の国家の論理に迎合し、妥協していったということにほかなりません。

本願寺教団とその教学は、そういう過去の錯誤については、何ら充分なる自己点検も自己批判もしていません。この教団は、いままた同じように、さかんに「世のなか安穏なれ」と声高にいっていますが、いったいそのために何を行動しているのか、その現実状況を見るかぎり、また後世から批判をうけるのではありませんか。念仏者が、この言葉にもとづいて社会的行動をはじめるについては、何よりも過去の教団史に対する徹底的な検証と、まことの念仏、信心にもとづく権力体制に対する明確な批判的相対化という、確かなる自立的主体の確立にもとづいてこそ、進められていくべきでありましょう。

そして親鸞は、そのような世の中と仏法にかかわる報恩の行動については、

如来大悲の恩徳は　身を粉にしても報ずべし
師主知識の恩徳も　骨をくだきても謝すべし（『正像末和讃』真聖全二、五二三頁）

と語っているように、全身、全力を傾けて実践せよといいます。この和讃の文は、聖覚の源空歎徳の文の「粉骨可報之摧身可謝之」（『尊号真像銘文』真聖全二、五九九頁）、および善導

の『観念法門』の「粉身砕骨、報謝仏恩由来」（真聖全一、六四〇頁）の文にもとづいて、生まれたものであると思われますが、この文言からすれば、仏恩に対する報恩の行業とは、まことに壮大な内容をもつものであって、それが並たいていのものではないことがうかがわれてまいります。かくして、その「世のなか安穏なれ、仏法ひろまれ」という、志願にもとづく報恩の実践とは、よほどの覚悟と、熱意をもってこそはじめて成りたつものでありましょう。私たち真宗念仏者の仏恩報謝の生き方が厳しく問われてくるところです。

しかしながら、真宗の伝統教学では、信心正因、称名報恩といって、称名念仏が、そのままただちに、報恩の行業となると教えますが、親鸞は、上に見たところの、「御念仏こころにいれてまふして」という文に明らかなように、すべての報恩の行業とは、ひとしく称名念仏にもとづいてこそ、すなわち、この世のすべての価値を相対化してこそ、実践せよと教言しているわけで、称名念仏が、ただちに報恩行だといっているわけではありません。そのことは、上に見た「恩徳讃」の文意によっても明らかなところです。親鸞が、称名念仏するについて、「身を粉にしても」「骨をくだきても」称えよというわけはないでしょう。まったくはなしがズレています。親鸞は、心して念仏をもうしつつ、すなわち、徹底して現実の社会状況を相対化しながら、そのことにもとづいてこそ、粉骨、摧身してでも、仏恩報謝の行業、すなわち、世の中の安穏、平和と、真宗、その念仏が、いっそう興隆し流布するように行動し、実践せよと勧めているわけです。

このような、伝統教学における称名が報恩行であるという発想は、親鸞が教えたものではなくて、一念義の立場に立った証空の西山浄土宗の教義を、覚如と蓮如が摂取し、模倣したことによるものです。証空は、仏体即行、名体不二の論理をたてて、何ら念仏を称する必要はなく、その道理を一念領解するところ、ただちに業因成就して即便往生し、浄土の仏道はここに完結するといいます。そして証空は、その往生成立の後に、日課数万遍の念仏を称えたといいますが、その念仏の意味は何かということについて、それはすべて、仏恩報謝のためのものであると弁明しました。いま真宗の伝統教学が、信前の称名を勧めてはならないと厳しく禁止しながら、信後の称名はすべて報恩行だというのは、このような証空、西山浄土宗の教義を真似たものにほかなりません。

もしも真宗念仏者が、親鸞によって教示されたところの、「恩徳讃」に明かされるような壮大な報恩行を、いままでみんなで実践していたら、この真宗念仏の教えは、もっともっと世の中にひろまり、確かなる真宗信者が数多く育ってきたことでありましょう。しかしながら、伝統教学では、今日に至るまで、あらゆる法要、儀式においては、必ずこの「恩徳讃」を唱和させながらも、そういう親鸞の意趣、その報恩行の実践については、その教義を変節させて何ら具体的に教示することもなく、真宗者におけるたくましい社会的実践は、まったく指導し、実践することはありません。これでは、この「恩徳讃」を何のために唱和しているのか、親鸞の教言、真宗の教義が、いかに観念化され、形骸化しているかを、ものの見事に象徴しているだけのはなしでしょう。

第八章　天親菩薩を讃える文

一　天親菩薩の事蹟

次いで天親菩薩の功績について讃歎いたします。天親菩薩は原名はヴァスバンドゥ（Vasubandhu）といい、紀元三二〇年から四〇〇年ごろに生存したと推定され、北インド、現在のパキスタンのペシャワールの出身といいます。その生涯については、はじめに部派仏教の説一切有部《せついっさいうぶ》の教団に属して、有部系の教学を学び、『阿毘達磨倶舎論《あびだつまくしゃろん》』を作成しましたが、そののち、兄の無着《むじゃく》（Asanga）に導かれて大乗仏教に転向し、瑜伽唯識《ゆがゆいしき》の教学を学びました。そしてその瑜伽教学の組織化に重要な役割をはたしました。また天親菩薩は、当時のグプタ王朝の支持をえて、大乗仏教の宣布と、民衆に対する仏教教化にも大いに尽くしたといいます。

そしてその著作については、小乗仏教の時代の、上にあげた『阿毘達磨倶舎論』をはじめとして、大乗仏教にかかわっては、唯識教学の関係では、『唯識二十論』『唯識三十頌』『大乗五蘊論』をはじめとして、『摂大乗論釈』『大乗荘厳経論釈』『中辺無別論釈』などがあります。そしてまた大乗仏教教義一般については、『大乗成業論』『仏性論』があり、経典の註釈書としては、『十地経論』『無量《むりょう》寿経《じゅきょう》優婆《うば》提舎《だいしゃ》願生《がんしょう》偈《げ》』（略称して『浄土論』または『往生論』という）、『妙法蓮華経優婆提舎』『宝髻経四法憂波提舎』など多数があります。その中で、ことに浄土教に関係あるものとしては、主としては『無量寿経優婆提舎願生偈』であって、その題名の意味は、〈無量寿経〉の教義について議論（優婆提舎）したものと、その教えにもとづいて、浄土を願生することを表白した偈文（願生偈）ということで、今日では菩提流支《ぼだいるし》によって漢訳されたもののみが伝わっています。ここで〈無量寿経〉というのは、浄土三部経の中のいずれを意味するか、古来論議されてきましたが、結論的には、〈無量寿経〉に依拠したものであろうと考えられます。

その思想については、唯識教学を大成いたしましたが、その唯識思想とは、龍樹菩薩の般若空の思想を継承して、あらゆる存在、客観は、すべて自己の識（主観）によって変現したものにほかならず、すべては空である（唯識）と捉えながら、その識それ自身もまた空（無識）であると、「さとる」ことをめざしたわけで、龍樹菩薩においては、あらゆる存在はすべてそのまま非存在であると、直接的、否定的に見るという如実知見として説かれたものを、天親菩薩においては、そのことを主観（識）と客観（境）という構造をもって明かしたわけであります。そしてそれについては、ヨーガ（yoga・瑜伽）という瞑想、精神統一の実践行が説かれるところであります。

二　起観生信心の道

1　本　文

天親菩薩造論説　　天親菩薩論を造りて説かく、
帰命無碍光如来　　無碍光如来に帰命したてまつる。
依修多羅顕真実　　修多羅によって真実を顕して、
光闡横超大誓願　　横超の大誓願を光闡す。

2　語句解説

そこでその「論を造り」とは、上にあげたところの『浄土論』を作成したことを意味します。「無碍光如来」とは、阿弥陀仏のことです。「帰命」とは、すでに上において見たように、命に帰すと訓じると、私から仏への私の行為を意味し、帰せよの命と訓じると、仏から私への仏の行為を表示します。「修多羅」とは、スートラ（sūtra）の音写で、糸、経を意味して、ここでは〈無量寿経〉を指します。「真実」とは、真理ということで、阿弥陀仏の本願をいいます。「横超」とは、あらゆる障害を超えることで、すぐれた阿弥陀仏の働きをいいます。「大誓願」とは、阿弥陀仏の本願のことです。「光闡」とは、明らかに示すことをいいます。

3　法味領解

この文は、天親菩薩が作成したところの、『無量寿経優婆提舎願生偈』（『浄土論』）の内容について明かしたものです。その『浄土論』の組織については、前半と後半に分かれており、その前半は偈頌で、その内容は、天親菩薩自身が、阿弥陀仏に一心に帰依して、浄土に往生したいと願うことを表白した偈文であります。その偈文では、ことに浄土の荘厳の十七種、仏の荘厳の八種、浄土の菩薩の荘厳の四種、合計三厳二十九種の荘厳相を明かします。そして後半は散文、長行《じょうごう》で、上の偈文をうけて、浄土に往生するための行道について、

いかんが観じいかんが信心を生ずる。もし善男子善女人五念門を修して、行成就しぬ

れば、畢竟じて安楽国土に生じてかの阿弥陀仏を見たてまつることをう。(真聖全一、二七〇～二七一頁)

と解説して、起観生信心を明かします。すなわち、五念門と名づけられる、礼拝門、讃歎門、作願門、観察門、廻向門の五種の行業を実践するならば、心を止住して阿弥陀仏と浄土を見ることができ、その観見によって清浄なる心としての信心を成就し、その信心を因としてこそ、よく浄土に往生することができるというわけです。

ここでいう五念門の、礼拝門とは身業による礼拝、讃歎門とは口業による讃歎称名、作願門とは意業において心を定め、その心を阿弥陀仏と浄土に向かって止住させること、観察門とは、その定心にもとづくところの、智業による阿弥陀仏と浄土についての観念、観想をいい、五念門行とはこの観察門、観仏行を中核とするものでありました。そして次の廻向門とは、そこにおいて身にうるところの功徳を、方便の智業をもってあらゆる人人に呼びかけて廻施し、ともに浄土に往生するように願うことをいいます。かくしてこのような五念門を修めるならば、信心が生じ、それが次第に深化していくこととなり、ついには妙楽勝真心を成就することとなり、そういう清浄なる信心を因としてこそ、よく浄土に往生することができると説いております。起観生信心の道といわれるゆえんです。

その点、上に見たところの龍樹菩薩の浄土教では、聞名の道として、ひとえに仏名を称して、そこに私に対する仏の声、その呼び声を聞いていき、その聞名において信心を成就し、今生においては正定聚、不退転地に住し、来世には浄土に往生するという道でありました。それに対して、天親菩薩の浄土教では、観仏の道として、もっぱら心を定めて阿弥陀仏と浄土とを観見し、それにおいて信心を育て、それを深化することにおいて、今生においで正定聚に住し、来世に浄土に往生をうることを願う道でありました。

かくして、龍樹菩薩の浄土教も天親菩薩の浄土教も、ともに〈無量寿経〉に依拠しながらも、龍樹菩薩においては、阿弥陀仏を名号（言語）と捉えることによって聞名の道を説き、天親菩薩においては、阿弥陀仏を仏身（姿形）と捉えることによって観仏の道（〈初期無量寿経〉には観仏による浄土往生の道が説かれている）が明かされたことは、まことに興味あるところですが、そのいずれにおいても、その行業の実践をとおして信心を成就し、それにもとづいて正定聚に住し、ないしは浄土に往生することを明かしていることは、充分に注目すべきところでありましょう。

三　一心と三心

1　本　文

広由本願力廻向　　広く本願力の廻向によって、
為度群生彰一心　　群生を度せんがために一心を彰わす。

2　語句解説

そこで「広く本願力の廻向によって」とは、阿弥陀仏の衆生に向かう働きかけを意味します。「群生」とは、生きとし生けるもののこと。「一心を彰わす」とは、無二の心、まことの信心について明かすことをいいます。

3　法味領解

ここで注目すべきことは、天親菩薩はその『浄土論』において、
世尊我れ一心に、尽十方無碍光如来に帰命したてまつり、安楽国に生ぜんと願ず。

（真聖全一、二六九頁）

と明かして、「一心」を語りますが、『無量寿経』の第十八願文においては、

十方衆生、至心に信楽して我が国に生まれんと欲う。（真聖全一、九頁）

と説いて、至心、信楽、欲生の「三心」「三信心」（『唯信鈔文意』真聖全二、六五〇～六五二頁）を語ります。すなわち、天親菩薩は一心往生の道を主張し、本願文では三心往生の道を教説しております。かくして、この一心と三心との関係が問題となります。

それについて、親鸞は、その『教行証文類』の「信文類」において、

問う。如来すでに至心信楽欲生の誓をおこしたまへり。何をもってのゆえに論主一心という也。

答う。愚鈍の衆生解了やすからしめんがために、弥陀如来三心をおこしたまふといえども、涅槃の真因はただ信心をもってす。このゆえに論主三を合して一となせるか。（真聖全二、五九頁）

まことに知んぬ。至心信楽欲生その言は異なりといえどもその意これ一なり。何をもってのゆえに、三心すでに疑蓋まじわることなし、ゆえに真実の一心なり。これを金剛の真心と名づく。金剛の真心これを真実の信心と名づく。真実の信心は必ず名号を具す、名号は必ずしも願力の信心を具せざるなり。このゆえに論主はじめに我一心

とのたまえり。（真聖全二、六八頁）

と明かしております。その意味するところは次のとおりです。阿弥陀仏の本願文においては、私が浄土に往生する要件として、至心と信楽と欲生の三心を語っているにもかかわらず、天親菩薩は一心といわれますが、それは何ゆえでしょうか。私（親鸞）の領解によりますと、天親菩薩は多くの人人により分かりやすく知らせるために、本願文では三心を説きますが、往生成仏の正因は、ついには信心ひとつでよろしいと明かされたものと思われます。

かくして、本願文の至心、信楽、欲生の三信心とは、そのいずれもが疑蓋がまじわらない明知の心であって、それはまさしく真実の一心に帰一します。そしてその心は阿弥陀仏の心（真心）にほかならず、その真実なる仏心が、すでに私の生命の中に届いているわけであって、私がその日日に、称名念仏の生活を相続することにより、そのことについて深く「めざめ」ていくという体験を、真実信心というわけです。だからこそ、私の信心には、必ず称名が具しておりますが、ときには称名念仏しながらも、その称名に信心が具していない場合があります。その点、まことの信心には必ず念仏が具しており、念仏と信心、行と信とは相即するところです。「行をはなれたる信はなしときさて候。又信はなれたる行なしとおぼしめすべし」（『末燈鈔』真聖全二、六七二頁）と語られるとおりです。かくして、本願文の三信心には、このように必ず称名念仏が具していることを明かすために、天親菩薩は、あえて三心を合して一心と説かれたわけであります。以上が、親鸞における『浄土論』の「一心」と本願文の「三心」をめぐる領解であります。

ところで、ここで本願文の三信心について、いずれも「疑蓋まじわることなし」と明かされていることは、親鸞が、若いころ比叡山で天台教学を学習していたころに、その天台教学の入門書として親しんでいたであろう『法界次第初門』の中の、信心の内実を説明するについて見られる言葉で、それは菩薩道五十二段階中の第四十一位、初地までの無明煩悩の心がなくなることを意味します。そしてそのことは、第十八願文の「信楽」、その第十八願成就文の「信心歓喜」の原語が、ともにチッタ　プラサーダ（心の澄浄）であることに重なるもので、親鸞は、そのことをめぐって、その信心の原語の意味を充分に承知していたと思われます。ことに親鸞が、その真宗信心においてうるところの利益、功徳について、源空までは、浄土往生の結果として語られていた正定聚、不退転地の益を、この現生における信心の利益として理解し、そのように主張したことは、ひとえにこの『法界次第初門』の主張により、またその本願の信心の原語が、チッタ　プラサーダ（心の澄浄）であり、それは本質的には、三昧見仏の意味をもっているということにもとづいてこそ、はじめていいうるところであります。その点、親鸞における信心領解とは、仏教の基本原理にもとづいて成立していることが、きわめて明確にうかがわれるところです。

四　正定不退の利益

1　本文

帰入功徳大宝海　　功徳大宝海に帰入すれば、
必獲入大会衆数　　必ず大会衆の数に入ることをう。

2　語句解説

その「功徳大宝海」とは、阿弥陀仏の本願の世界のことで、いまはその広大さと深淵さを讃えて海とあらわします。「帰入」とは、親鸞においては、いろいろな意味をもっていますが、いまここでは、信心を開いて仏の生命の中に入ることをいいます。そして「大会衆の数」とは、基本的には浄土に往生したもののことですが、ここでは現生における信心の人のあつまり、正定聚、不退転地の人人を意味します。

3　法味領解

親鸞は、ここで真実信心を開発するならば、必ず大会衆の数に入るといいますが、この大会衆とは、天親菩薩の『浄土論』では、浄土に往生した人人を意味します。しかしながら、親鸞は、この大会衆とは、信心を開発したものが、今生においてうるところの功徳、利益だと理解しているわけです。

ところで、親鸞が、本来には来世なる浄土の利益である大会衆の意味を、現生における信心の利益と捉えたのは、何を根拠としてそういいえたのでしょうか。それについては、この『浄土論』の中の仏荘厳功徳成就を明かす文によりますと、

すなわち彼の仏を見れば、未証浄心の菩薩、畢竟じて平等法身をえて浄心の菩薩と異なることとなし。浄心の菩薩は上地の諸菩薩と畢竟じて同じく寂滅平等をうる故に。（大正二六、二三二頁、真聖全一、二七四頁の文には脱落がある）

と明かしております。そこでここでいう浄心とは、その原語としては、上にも見たところの citta prasāda が推定されて、心の澄浄なることを意味し、それはまた信心とも訳されるものであります。そしてそのことは、上においても指摘したように、三昧見仏にも重なって、煩悩の諸垢を遠離した清浄にして寂静なる心の境地を意味し、如実知見なる慧の

領域に属するものでもあります。かくしてこの未証浄心の菩薩とは、天親菩薩の『摂大乗論釈』（真諦訳）巻第十一によれば、

いまだ初地に入らざれば正定の名をえず、これ不清浄意行の人なり。もし真如を見れば、すなわち清浄意行の地に入りて、初地より十地に至るまで同じくこの名をうる。（大正三一、二二九頁）

と明かして、この未証浄心の行人を地前の菩薩と捉え、その浄心の菩薩にして証するところの平等法身については、その『妙法蓮華経優波提舎』によれば、

彼の法性とは名づけて一切諸仏菩薩の平等法身となす。平等身は真如法身なり。初地の菩薩にして乃ちよく証入す。（大正二六、一〇頁）

と示して、それは初地、不退転地にしてうるものであるといっております。したがって、ここで阿弥陀仏を見ることをうれば、未証浄心の菩薩も、ついには平等法身をえて浄心の菩薩とひとしいと明かされることは、この五念門行を修習することにおいて見仏をうるならば、心の澄浄の境地に至って、一定（菩薩道の第四十一位の初地）までの無明、煩悩を遠離し、一定（菩薩道の第四十一位の初地）までの如実知見なる智慧を開覚することを意味して、それはまたさらにいうならば、止観にもとづいて信心を成就し、初地、不退転地に至るということを意味するものでありました。上に見たところの、『浄土論』の「彼の

仏を見れば、未証浄心の菩薩、畢竟じて平等法身をえて浄心の菩薩と異ることとなし」という文は、まさしくこのことを教示するものでありましょう。そしてそのことは、龍樹菩薩の浄土教思想についていうならば、その『十住毘婆沙論』「易行品」に、

もし人善根を種えて疑えばすなわち華開けず、信心清浄なる者は、華開けてすなわち仏を見る。（大正二六、四三頁）

と説いて、聞名にもとづく三業の奉行により、心の清浄なる信心を開発して、初地、不退転地に到達し、見仏をうると明かすことに連なるものでありましょう。そしてまた、その『浄土論』によりますと、五念門行の修習にもとづいて、次第に浄心、柔軟心、清浄心、妙楽勝真心が成就されていくといいますが、それらはいずれも澄浄なる心としてのチッタプラサーダなる信心を意味し、それが深まることによって、浄土往生の正因となるというわけで、『浄土論』の長行のはじめに、

云何が観じ云何が信心を生ずる。もし善男子善女人五念門を修して、行成就すれば、畢竟じて安楽国土に生じて彼の阿弥陀仏を見ることをうる。（真聖全一、二七〇～二七一頁）

と説くところの「信心を生ずる」とは、これらの信心の成就を意味するものであろうと思われます。

その点、このことは、〈無量寿経〉の原点に返していえば、阿弥陀仏の声を聞くという聞名にもとづいて、信心、チッタ　プラサーダを開発するならば、この現生において正定聚、不退転地に住して、来世には浄土に往生をうるという教説に重なるものであります。ただ〈無量寿経〉では、聞名と見仏が説かれる中で聞名が中心となっているところ、この『浄土論』では見仏の道が説かれているということです。

かくして、ここで天親菩薩が、五念門行を修めることにより、阿弥陀仏を見ることをうるならば、「浄心の菩薩と異なることなし」というのは、まさしくここにして、菩薩道の初地に至ることを意味するわけです。そこでいま親鸞が、ここで信心を開発すれば、「必ず大会衆の数に入る」と明かしたのは、もともとは浄土の利益である大会衆という語を、そのような理解をうけて、あえて現生における信心の利益としての、正定聚、不退転地の意味において捉えたからにほかなりません。それは親鸞における、天親菩薩の浄土教思想に対する、透徹した領解によるものでありましょう。

五　還相摂化の利益

1　本文

得至蓮華蔵世界　　蓮華蔵世界に至ることをうれば、
即証真如法性身　　すなわち真如法性の身を証せしむと。
遊煩悩林現神通　　煩悩の林に遊んで神通を現じ、
入生死園示応化　　生死の園に入って応化を示すといえり。

2　語句解説

次の「蓮華蔵世界」とは、ここでは阿弥陀仏の浄土を意味しますが、もとは『大方広仏華厳経』に説かれるところの毘盧遮那仏の浄土のことで、東大寺大仏の台座の蓮弁毛彫りにおける浄土は有名であります。「真如法性の身」とは、真実なる「さとり」の境地を意味して、「身」とはその仏身をいい、それはまた法性法身ともいい、一切の形相をこえたところの仏のことです。「証す」とは、そういう仏の「さとり」を身にうることをいいます。「煩悩の林」とは、この生死迷妄の世界のことをいいます。「神通」とは、すぐれた超能力をいいます。「生死の園」とは、この煩悩迷妄の世界のことをいいます。「応化を示す」とは、衆生一人ひとりに即応して化現することをいいます。

3 法味領解

この文は、阿弥陀仏の浄土に往生すれば、ただちに仏道の最高位なる、真如法性の究極的な「さとり」をうることとなりますが、そのことはまた、その「さとり」の必然として、ただちに阿弥陀仏の衆生済度の聖業に参加し、この現実世界の煩悩の林、生死の園に還来して、多くの人人を救済する、利他摂化の働きをはじめるということを明かします。

天親菩薩の『浄土論』では、私たちが浄土に往生することは、私が成仏するための行業を実践するための、新しい環境に移ることを意味し、その浄土において、さらに五果門行を修め、次第に仏の「さとり」を成就していくことを意味しましたが、親鸞においては、浄土に往生するとは、ただちに究極的な仏の「さとり」を成就することで、往生即成仏と理解いたしました。そしてその必然により、浄土往生以後は、その仏の「さとり」の現実的展開として、もっぱら利他行としての、衆生救済のために行動することになると考えました。かくして、親鸞においては、浄土に往生するとは、自己自身のためにではなく、まったく他者救済を目的とするものでありました。

そのことは、『歎異抄』の第四条に、

慈悲に聖道・浄土のかはりめあり。聖道の慈悲といふは、ものをあはれみ、かなしみ、はぐくむなり。しかれどもおもふがごとくたすけとぐること、きはめてありがたし。浄土の慈悲といふは、念仏していそぎ仏になりて、大慈大悲心をもて、おもふがごとく衆生を利益するをいふべきなり。今生にいかにいとをし不便とおもふとも、存知のごとくたすけがたければ、この慈悲始終なし。しかれば念仏まふすのみぞ、すゑとをりたる大慈悲心にてさふらうべきと云々。（真聖全二、七七五〜七七六頁）

と語るところにも明瞭です。親鸞はここで、慈悲について独自な解釈をおこない、慈悲には、聖道教の慈悲と浄土教の慈悲があるといい、その聖道教で語るところの慈悲とは、今生の現身における慈悲、愛情のことで、それは末通らないかぎりあるものであり、浄土教で語る慈悲、愛情とは、浄土に往生をとげたのちに、仏となって還相廻向することをいい、この慈悲こそが、末通るまことの慈悲であるというのです。親鸞においては、今生においていかに不憫におもうとも、聖道の慈悲、人間の愛情では、助けとげることが困難な場合が多いが、浄土教が語るところの還相摂化の仏の慈悲によるならば、思いのままに救済、利益することができるというのです。そしてここにこそ、親鸞における還相廻向の思想の、基本的な意義があるわけであります。

すなわち、親鸞における念仏成仏の道においては、すでに今生における信心の開発において、その仏道のすべてが完結、成就するわけです。そのことは、親鸞が、

必ず無上浄信の暁に至れば三有生死の雲晴る、清浄無碍の光耀朗かにして一如法界の真身顕る。(『浄土文類聚鈔』真聖全二、四四八頁)

金剛堅固の信心の　さだまるときをまちえてぞ
弥陀の心光摂護して　ながく生死をへだてける(『高僧和讃』真聖全二、五一〇頁)

信心をえたる人おば、無碍光仏の心光つねにてらし、まもりたまふゆへに、無明のやみはれ、生死のながきよすでにあかつきになりぬとしるべしと也。(『尊号真像銘文』真聖全二、六〇一～六〇二頁)

などと明かすところに明瞭です。そのことからすれば、真宗の仏道においては、まことの信心を生きるものにおいては、すでにここにして仏の生命を生きているわけですから、死後において、浄土に往生しようとすまいと、そのことはもはやどうでもいいことなのです。しかしにもかかわらず、なお真宗の仏道において浄土往生が説かれるのは、それは私自身のためではなく、まったく他者救済を目的とするものであって、その浄土に往生成仏し、還相廻向の菩薩となって、末通りたる浄土の慈悲により、多くの人人を摂化し、済度する

ことにほかなりません。すなわち、私が浄土において往生成仏するのは、私自身のためではなくて、あらゆる人人の救済のためにこそ願われるものであり、しかもまた、大乗仏教の原理からすれば、私の往生成仏とは、そのような衆生救済においてこそ、はじめてよく完成されていくわけであります。

そしてまた、親鸞におけるこのような還相廻向の思想は、上に見た『歎異抄』の文にもうかがわれるように、今生における人間的な慈悲の限界、さらにはまた、真宗信心における度衆生心、衆生済度の限界とその挫折、そしてそれをめぐる厳しい内省、悲歎にもとづいてこそ要請され、願望されたものと思われます。すなわち、そのことは真宗信心にこめられたところの、念仏者としての仏法伝達、他者救済、そういう念仏者の社会的実践の今生的な限界、挫折において、なおもその信心が宿すところの熱い志願の延長、死したのちにも、なおその死後、来世にかけた願望の象徴として、このような還相廻向の思想が説かれたものと思われます。

なおここで「煩悩の林に遊ぶ」といいますが、そのことは、その五果門行の中の第五門の園林遊戯地門《おんりんゆげじもん》について語ったもので、このような還相摂化の行為を「遊戯」「遊ぶ」と表現することは、仏教における独自な発想として、充分に注目されるべきところでしょう。すなわち、遊ぶということは、それ自体が目的であるときに遊ぶといいます。子どもが草原で野球を楽しんでいるのは、同じ野球でも、プロの選手が野球をしているのとは違います。プロの選手は、仕事、労働として野球をしているのです。そこにはそのあとに報酬や名声があります。ホームランが何本とか、打率がどうだとか、それにおいて年俸がいくらになるとか、そういう仕事の結果、その名声や報酬を追うのが労働です。しかしながら、遊びとはその結果の代償とは関係ありません。遊びたいから遊ぶのです。そこではあとに残るのは疲れだけです。それでも遊ぶのです。遊びとは、それ自体が目的であって結果を目的としません。ここに遊戯と労働の相違があります。ここで説かれる還相廻向の衆生救済の働きも、また同じように、それ自身が目的であって、何らかの私のために行動しているのではありません。まさしく遊びとして、遊戯として行動しているのです。

私たち念仏者もまた、ときには少しでも、そういう世界に入って生きていきたいものです。何らの結果、報酬も求めず、したいからしている、好きだからしている、ただそれだけの理由で行動する、そういうことが、たまにはあってもいいのではありませんか。私もまた老境に入って、改めてそのことをしきりに思いつつ生きている今日このごろです。

第九章　曇鸞大師を讃える文

一　曇鸞大師の事蹟

曇鸞大師は、北魏孝文帝の承明元（四七六）年に、北中国の雁門《がんもん》、五台山附近に生まれたと伝え、幼くして仏法に縁を結び出家して仏教を学びました。当時の中国は、揚子江の北側の北魏と南側の斉、梁の三国に分かれておりましたが、その北魏の仏教は、龍樹菩薩の思想を継承する般若空の教学で、それには鳩摩羅什《くまらじゅう》や僧肇《そうじょう》という学者がいました。曇鸞はこの北方の仏教、般若教学を学んだわけです。しかしまた、南方に栄えていた曇無讖《どんむせん》系の『涅槃経』を中心とする教学も身につけて、ことにはその仏性義には精通していたといいます。したがって彼は、きわめて広範な仏教教理を学んでいたことがうかがわれます。

しかしまた、曇鸞は神仙の思想をも学んでいたようです。この神仙思想とは、当時の中国の民間信仰で、不老長寿の術を説きますが、彼はそれも身につけていたと思われます。

そしてそれにかかわって、道教およびにそれにもとづく呪術信仰にも傾倒していたようで、その著作『往生論註』の中には、それらの思想がいろいろと散見されるところです。そしてまた、彼は若いころから気疾をわずらっていたようで、当時の漢方の医学、医術も学んでおり、それにかかわる著述もあります。

ことにその民間信仰をめぐっては、道宣の『続高僧伝』によりますと、曇鸞は、江南の陶弘景という神仙の術をこととする道士を訪ねて、不老長寿の術を学び、その経典を授かったといいます。そしてその帰途に、インドからきた菩提流支にであい、その誤りを教示されて、その仙経を焼いて浄土教に帰依したと伝えます。親鸞も、この「正信偈」にそのことについて記していますが、この記録については、多くの疑問があって、にわかには信用しがたく、曇鸞の『往生論註』の中には、そういう呪術信仰の片鱗が、いろいろと散見できるところです。

その点、曇鸞の浄土教帰入については、基本的には、自分自身の根本的立場であった般若空思想の祖師としての、龍樹菩薩の浄土教思想に導かれたものと考えられます。

なおまた、『続高僧伝』によりますと、五十歳をすぎたころ、江南に至り、梁の武帝に謁して仏性義を論じたといい、武帝はその学識に感歎して、帰北後の曇鸞を菩薩と讃歎し、つねにその方向に向かって礼拝をしたといいます。また東魏の孝静帝も、曇鸞を尊仰して

「神鸞」と呼び、その勅によって幷州《へいしゅう》の大寺に住せしめ、さらに後には、汾州の石壁玄中寺に住することとなったといいます。

そしてまた曇鸞は、民衆に対しても熱心に伝道教化したようで、道綽の『安楽集』によると、多くの信者を育成したようです。また迦才の『浄土論』によると、信者を指導することは、臨終に至るまで止めることがなかったといいます。

そして『続高僧伝』によれば、東魏の興和四（五四二）年に、六十七歳にして汾州の平遥山寺で没したといい、その後に、勅によって汾州の泰陵文谷に葬して碑を建てたと伝えております。ただし、迦才の『浄土論』などによりますと、斉（五五〇年以降）のはじめにも生存したことが記されておりますので、その没年にはいささか疑義が残ります。

また曇鸞の撰述については、『無量寿経優婆提舎願生偈註』（『往生論註』・『浄土論註』）二巻、『讃阿弥陀仏偈』一巻、および『略論安楽浄土義』一巻の三部があります。その『往生論註』とは、天親菩薩の『無量寿経優婆提舎願生偈』（『往生論』『浄土論』）を註解したものです。その内容については、上巻は、その『浄土論』の偈頌の解説で、阿弥陀仏とその浄土の三厳二十九種の功徳を解説し、その巻末に八種の問答（八番問答）を付しています。また下巻は、その『浄土論』の長行の解説で、その内実を十章に区分して解説し、その巻末に三願文（第十八願文、第十一願文、第二十二願文）を引用して、浄土教の行道の基本的な綱格を明かしております。またその『讃阿弥陀仏偈』とは、『無量寿経』にもとづいて、阿弥陀仏と浄土の荘厳功徳について讃歎したもので、百九十句より構成されており、親鸞が、これに依拠して、『讃阿弥陀仏偈和讃』四十八首を作成していることは周知のところです。

また『略論安楽浄土義』とは、阿弥陀仏の国土、浄土について、六番の問答をもって略記したものです。この『略論安楽浄土義』をめぐっては、従来その真撰に疑義がだされていましたが、今日では、隋代および唐代のものと推定される写本にして、『讃阿弥陀仏偈』と『略論安楽浄土義』とを合冊した、『讃阿弥陀仏並論』という尾題をもつ残欠本二部が、敦煌より発見されていることから、学界の大勢としては、曇鸞の撰述と考えられるようになっております。

なおそのほかに、『大般涅槃経疏』(残巻)といわれるものが、最近の中国で発見されております。これは曇無讖訳の『涅槃経』の註解書で、その文中に「曇鸞写」の文字があるところから、曇鸞の著述の一部であろうと考えられております。なおまた『妙法蓮華経文句』(智顗)に引用されている、『大集経』の註釈書があったことが知られます。

そしてまた、仏教書以外では、医療関係のものとして、『療百病雑丸方』『論気治療方』などがありました。

二　梁武帝の敬礼

1　本　文

本師曇鸞梁天子　　本師曇鸞は梁の天子、
常向鸞処菩薩礼　　つねに鸞の処に向うて菩薩と礼したてまつる。

2　語句解説

「本師」とは、本宗の祖師ということを意味します。「梁の天子」とは、南朝の梁の国王、武帝、蕭王のことです。「鸞の処」とは、曇鸞が居住していた場所のこと。「菩薩と礼す」とは、菩薩と呼んで崇敬礼拝することをいいます。

3　法味領解

すでに上にも明かしたように、曇鸞は、当時の国王たちから尊仰されておりました。その南梁の武帝は、曇鸞を菩薩と呼んで、曇鸞の住んでいる方向に向かって、日日礼拝した

といい、また東魏の孝静帝は、曇鸞を「神鸞」と呼んで尊敬したといいます。親鸞は、そのことについて、その『高僧和讃』に、

本師曇鸞大師をば　梁の天子蕭王は
おはせしかたにつねにむき　鸞菩薩とぞ礼しける（真聖全二、五〇七頁）
魏の天子はたふとみて　神鸞とこそ号せしか
おはせしところのその名をば　鸞公巌とぞなづけたる（真聖全二、五〇四頁）

と語っているところです。

親鸞は、この曇鸞を讃えるについて、この「正信偈」でも、また『高僧和讃』でも、さらにまた、『尊号真像銘文』においても、当時の国王たちが、仏法、曇鸞を尊仰したということに注目し、そのことについて明かしております。このことは親鸞が、時の政権から厳しい弾圧をうけた、自分自身の生涯を省みながら、宗教と政治のまことの在り方について、明確な視座、識見をもっていたことを物語るものと思われます。

宗教と政治の関係をめぐっては、東洋、西洋おしなべて見られることは、宗教が政治の上位にあってその政治を支配する場合、政治が宗教の上位にあってその宗教を支配する場合、宗教と政治がつねに緊張関係を保ち続ける場合の、三類型があります。日本の歴史においても、古代から奈良時代にかけては、宗教が政治の上位に存在しました。そして平安

時代以降では、もっぱら政治が宗教の上位に位置して、長い間、仏教は国家権力に支配され、利用されてきました。そしてこのたびのアジア・太平洋戦争後において、日本においては、はじめて宗教と政治が対等に位置することとなりましたが、今日の現実状況では、なおも習俗という名のもとに、国家権力がいろいろと宗教（神道）を利用し続けているところです。

そのことをめぐって、親鸞の政治、国家権力に対する姿勢は、まことに厳しいものがあります。すなわち、親鸞は、その「化身土文類」において、かつての承元の念仏弾圧と、それによる源空とその門下に対する、斬首と流罪という非道な極刑に対しては、強く抗議して、

主上臣下、法に背き義に違し、忿を成し怨を結ぶ。（真聖全二、二〇一頁）

と語っております。非道な国家権力、天皇権威に対する徹底した抵抗と、その非理についての批判の文章です。

そしてまた親鸞は、そのことにかかわって、同じ「化身土文類」に、『菩薩戒経』の、

出家の人の法は、国王に向かって礼拝せず。（真聖全二、一九一頁）

という文を引用しております。ここでいう「出家の人」とは、その『菩薩戒経』によれば、仏法者一般を意味するもので、仏教徒たるものは、国王、天皇に向かって礼拝してはなら

ないというわけです。このような親鸞における政治権力に対する厳しい姿勢については、関東の門弟たちに宛てた手紙にも、

余のひとびとを縁として、念仏をひろめんと、はからひあはせたまふこと、ゆめゆめあるべからずさふらふ。(『親鸞聖人御消息集』真聖全二、七〇七頁)

と記し、「余のひと」、すなわち、政治的、経済的な実力者に近づいて、仏法を弘めようとすることがあってはならないといい、仏法の権力者からの独立を、厳しく教示しているところです。

その点、親鸞は、このような中国の政治権力者の、仏教、僧侶に対する姿勢については、深く関心を抱き、敬意を表するところがあったわけでしょう。かくして、真宗念仏者たるものは、これらの親鸞の教言を、よくよく領解し、銘記すべきであり、ことには近代以来の本願寺教団が、さまざまに政界や財界に接近して、多大な脱線、禍根を残していまに至っていることは、厳しく反省されるべきところでしょう。ことにこの「余のひとびとを縁として、念仏をひろめんと、はからひあはせたまふこと、ゆめゆめあるべからず」とは、今日の東西本願寺教団の現実状況に対する、厳しい頂門の一針ではありませんか。

三　称名の道と観仏の道

1　本文

三蔵流支授浄教　　三蔵流支浄教を授けしかば、
焚焼仙経帰楽邦　　仙経を焚焼して楽邦に帰したまいき。
天親菩薩論註解　　天親菩薩の論註解して、

2　語句解説

その「三蔵」とは、経、律、論のことで、それを翻訳する僧侶を三蔵法師といいました。「流支」とは、ボーディルチ（Bodhiruci・～五二七～）、菩提流支《ぼだいるし》のことで、彼は北インド出身で、中国に来て大乗仏教の多くの経論を訳しました。天親菩薩の『浄土論』も翻訳しました。「浄教」とは、阿弥陀仏の教えのことで、このときに曇鸞に授けたものは『観無量寿経』といわれていますが、また『浄土論』ではないかともいわれております。「仙経」とは、長生法について説いた神仙道の聖典で、陶弘景より授かったといいます。「焚焼」

とは、焼くこと。「楽邦に帰す」とは、浄土教に帰依することをいいます。「論註解」とは、天親菩薩の『浄土論』を註解して『往生論註』を著わしたことをいいます。

3 法味領解

ここではその『往生論註』に明かされるところの、浄土往生の行道について概観いたしましょう。

曇鸞の浄土往生の行道については、その『往生論註』が、天親菩薩の『浄土論』を註解したものであるところ、そこでは観仏往生の道が明かされます。すなわち、『浄土論』では、浄土往生の行道として五念門行を教説しますが、その五念門行の中心は観察門であって、阿弥陀仏とその浄土の三厳二十九種を観察して、妙楽勝真心なる信心を成就するならば、それを因として浄土に往生することができるというものでありました。かくして曇鸞は、ここにして観仏行を成ずるならば、まさしく浄土に往生できると主張しました。

しかしながら、曇鸞はまた称名往生の道も明かしております。それは龍樹菩薩の浄土教思想、その『十住毘婆沙論』に示される行道でありますが、曇鸞が、基本的には龍樹浄土教を伝統していることからすれば、そのこともまた当然のことでありましょう。龍樹菩薩の『十住毘婆沙論』では、すでに見たように、現生不退の道として、礼拝、称名、憶念の三業奉行を語ります。そしてその三業の実践によって信心清浄となり、見仏して不退転地に住し、ついには浄土に往生するというわけです。

ところで、曇鸞は、その浄土往生の行道について、いまひとつ十念相続の道を明かしております。曇鸞における浄土の行道思想については、この十念相続の道が中核をなすものと考えられますが、とすれば、それは上に見たところの観仏往生の道、称名往生の道と、いかにかかわるものでありましょうか。そのことをめぐって、さらにその十念相続の行道について考察することといたします。曇鸞は、その十念相続の行道について、

十念念仏すればすなわち往生をうる。（『往生論註』真聖全一、三四七頁）

十念を具足してすなわち安楽浄土に往生をうる。（『往生論註』真聖全一、三〇九頁）

十念相続してすなわち往生をうる。（『略論安楽浄土義』真聖全一、三七四頁）

などと示すところです。こういう十念往生の思想は、龍樹浄土教および天親浄土教では、まったく見られないものでありますが、それは『往生論註』の八番問答の釈、三願的証の釈、および『略論安楽浄土義』の三輩往生の釈などによりますと、『無量寿経』の本願文と下輩の文、および『観無量寿経』の下品下生の文に依拠して主張されていることが明らかであります。ことに曇鸞は、この十念を明かすについて、その三願的証の釈において、第十八願文を引用して、

仏願力に縁るが故に十念念仏すればすなわち往生をうる。(『往生論註』真聖全一、三四七頁)

と明かして、この十念の道が、まさしく仏の本願力にもとづく行道であることを示し、またその八番問答においては、『観無量寿経』の下品下生の文にもとづいて、いかなる罪業深重の凡夫でも、この十念相続によれば、ひとしく三界の業繋をはなれて、浄土に往生することができると明かしております。すなわち、この十念相続の行道こそが、まさしく阿弥陀仏の本願によって支持される道であり、しかもまた、罪業深重の私たちによく相応する行道であるというわけであります。

そこでその十念の内実をめぐっては、『往生論註』の八番問答の中の第六問答において、

此の十念は善知識の方便安慰して実相の法を聞くに依って生ず。

此の十念は無上の信心に依止し、阿弥陀如来の方便荘厳真実無量功徳の名号に依って生ず。

此の十念は無後心無間心に依止して生ず。(『往生論註』真聖全一、三一〇頁)

と述べていますが、それによりますと、十念とは、善知識の教導にもとづき、無上の信心と名号(称名)に依止し、また無後心、無間心なる臨終の時節において成立するものであることが知られます。そして第七問答においては、

但だいうこころは、阿弥陀仏を憶念し、若しくは総相若しくは別相を、所縁に随いて観じ、心に他想なくして十念相続するを名づけて十念となす。但だ名号を称するもまた復是のごとし。（真聖全一、三二〇頁。この文章は『安楽集』によって訂正した）

と語って、阿弥陀仏を憶念して、その総相もしくは別相を所縁によって観想していくことにより、その憶念の心が他想まじわることなく相続され、そこに新たなる宗教的な境地、さらにはまた宗教的な功徳が成就されてくるとき、そのような心の境地、ないしは心の状態を、十念と明かしていることが明らかであります。そしてまた、次の「但だ名号を称するもまた復是のごとし」という文は、観仏に対する称名について明かしたものとして、称名行によっても、また十念の境地が成立してくるということを示したものでしょう。

したがって、曇鸞における十念とは、専心に阿弥陀仏を憶念、信心することにもとづき、称名あるいは観仏の行業を実践することによって、その憶念、信心の相続、深化として、臨終に至って成立するところの、新たなる宗教的な境地、心の状態を意味するものでありますが、そのことからすれば、上に見たところの曇鸞における浄土往生の行道において、観仏の道と称名の道が語られるものは、その十念相続という宗教的境地が、そういう称名行ないしは観仏行にもとづいてこそ、よく成立してくることを意味することが明確でありましょう。そしてまた、このような十念相続の境地が、その臨終において成立してくるところ、ここにこそ業事が成弁して、浄土往生の行道が成就することとなるわけであります。その点、上に見たところの観仏の道、称名の道と十念相続の道が、よく即一して理解できるところでありましょう。そしてまた、曇鸞においては、その行道理解において、ことに称名行が重視されるところからすれば、この行道は、龍樹浄土教における三業奉行の中の、称名の行道思想を継承していることが明らかであります。

ただし、曇鸞における行道とは、このような十念相続の道として、もっぱら破闇満願なる名号が保有する功徳の現成、付与としての、臨終の時節における滅罪生善、業事成弁をめざすものであったわけでありますが、ことに曇鸞がその名号の功用を語るについては、それを道教および神仙思想に関連せしめて、陀羅尼《だらに》、禁呪《きんじゅ》と同質に捉えているわけです。すなわち、その十念相続については、それが阿弥陀仏の無量功徳の名号によって成立するといい、それについての例示として、「人ありて毒の箭《や》をかふむって、あたるところ筋をきり、骨をやぶるに、滅除薬の鼓を聞けば、すなわち箭いで毒のぞこる如し」（真聖全一、三一〇頁）といい、またそれは陀羅尼《だらに》、禁呪《きんじゅ》のようなものであるといい、その例示として、身体に腫瘍《しゅよう》ができたときに、「日出東方乍赤乍黄」などという呪文を称えると、たちまちにその病気が治るといい、また戦争にいくときに、兵隊一同が「臨兵闘者皆陣列在前行」という呪文を称えると、弓矢などがあたらないといい、また転筋《こぶらがえり》で苦しむときには「木《ぼ》瓜《け》」の名を呼べば治るといい、そのことは自分も経験したことがあるといっております（真聖全一、三二五頁）。その点、この曇鸞の行道においては、仏道における智見の開覚、そしてそれにもとづくところの人格変容、人間成熟という側面が欠落して、多分に呪術的、民俗信仰的な利益付与の側面が強調されているわけであって、そのことは曇鸞における浄土教の特色として、さらにはまた、その浄土教理史上における屈折、脱線の現象として、充分に注意されるべきところでありましょう。

四　本願他力の意義

1　本　文

報土因果顕誓願　　報土の因果誓願に顕す。
往還廻向由他力　　往還の廻向は他力に由る、
正定之因唯信心　　正定の因はただ信心なり。

2　語句解説

「報土」とは、阿弥陀仏の浄土のことで、その仏の誓願に報いて成立した国土であるところから報土といいます。「因果」とは、浄土に往生する原因（因）とその結果（果）のことです。「誓願」とは、阿弥陀仏の本願のこと。「往還の廻向」とは、往相と還相の二廻向のことで、その往相とは、往生浄土の相状ということで、浄土に往って仏の「さとり」をひらくことをいいます。また還相廻向とは、還来穢国の相状ということで、浄土からこの現実世界に還って、多くの人人を浄土に導くことをいい、そのことが、ともに阿弥陀仏の働きによることを廻向といいます。「他力」とは、その原語はパラタントラ（paratantra）といいます。「正定の因」とは、往生成仏に決定する正しい原因のことをいいます。「ただ信心」とは、念仏をとおしてひらけてくる信心のことで、私における確かなる「めざめ」体験をいいます。

3　法味領解

ここではことに他力という思想をめぐって、いささか考察してみたいと思います。

この他力という語は、真宗教学においてはきわめて重要な用語であり、いろいろと問題を宿しておりますので、まずその原意をたずねますと、この他力という言葉は、中国の仏教文献に見られるもので、曇無讖《どんむせん》（三八五～四三三）訳の『菩薩地持経』によれば、自力、他力、因力、方便力の四力を語り、その他力については「他によりて心を発す、これを他力と名づく」（大正三〇、八九〇頁）といい、菩提流支（～五二七）訳の『大宝積経』によれば、自力、他力、因力、修行力の四力を語って、他力については「他所の勧めをもって発心せしめられる、これを他力と名づく」（大正一一、二〇八頁）といい、また同じ菩提流支訳の『入楞伽経』によれば、「他力の因縁によって衆生は迷分別する、他力もし清浄なれば分別相応を離る」（大正一六、五六八頁）などといい、また同じ菩提流支訳の『深密解脱経』によれば、「菩薩もし他力の因縁法の中において、よく如実に無相の法を知り、如実に知りおわれば染法を遠離する、染法を離れおわれば一切清浄の法相を得証する」（大正一六、六七〇頁）などと説かれております。これらの文から知られることは、他力とは、自己に対する他者の因縁にわたる働きを意味するもののようです。またこの他力の原語のパラタントラとは、他に依存する、他に頼るという意味をもち、縁起、依他、依他起などと漢訳されております。

そこで曇鸞は、『往生論註』の上巻冒頭の文と、下巻終わりの問答の文に、この他力の語を用いているわけですが、曇鸞における他力の意味は、その下巻の文によると「阿弥陀如来を増上縁となす」「仏願力による」という文をうけて、「他力を増上縁となす」（真聖全一、三四八頁）とも明かしますので、それは阿弥陀仏の願力を意味することが知られます。そして曇鸞は、それについて例示して、人がよく禅定を修め神通力をえて、あらゆる四方の世界に遊ぶことを自力といい、そのような神通力をもたないものが、転輪王の行動に乗じて、同じように四方の世界に遊ぶことを他力というと明かしております。その意味からすると、曇鸞における仏力、他力とは、阿弥陀仏がもつところの特別な威力、通力を意味するように思われます。その点、曇鸞においては、すでに上においても見たように、この他力の思想にも、それを不可思議な神秘的、呪術的な威力として捉える発想が見られるわけで、当時の中国の民俗宗教としての、呪術信仰が濃厚に反映していることが知られるところであります。

しかしながら、親鸞における他力思想には、そういう呪術的な性格はまったく見られません。親鸞における他力の思想とは、その信心の性格、その構造を中心として領解されているわけです。すなわち、親鸞における信心とは、私におけるまったく主体的、一元的な「めざめ」体験をいいます。そしてその「めざめ」体験とは、具体的には、現実の自己存在の実相についての信知と、それとひとつになって成立するところの真実、阿弥陀仏についての信知の、二者即一、二種一具なる信知体験をいいます。すなわち、それは私は罪業深重、「地獄一定」であるということの「めざめ」と、仏は大悲無倦にして、つねにこの私に到来していて、私はいますでに「往生一定」であるという「めざめ」というものが、私において、主体的、一元的に、絶対矛盾的自己同一として成立するということです。そして浄土教では、その基本的な立場が、人間はもともと罪業深重、地獄一定であるという立場に立ちますから、その真実、清浄とは、私においては無いといわざるをえず、それは自己の内からではなくて、まったく自己の外からの到来、他から所与されたものというように表現せざるをえません。いま親鸞がいうところの他力とは、そういう「めざめ」体験、信心体験の構造において、その真実、清浄とは、まったく外からの到来、他からの所与である、というところに語られるものにほかなりません。

親鸞が、真宗信心を明かすについて、「たまはりたる信心」（『歎異抄』真聖全二、七七六頁）といい、「無根の信」（『大般涅槃経』「信文類」真聖全二、九七頁）と語り、また「本願力廻向の信心」（「信文類」真聖全二、七二頁）などという理由です。また他力の原語であるパラタントラの意味も、それが縁起、依他、依他起と漢訳されるように、本質的には、そういう自己否定を立場として知見されてくるところの、他者からの働きかけをいうものであろうと思われます。かくして親鸞における他力とは、私の信心体験の論理構造について語られたものというべきであります。

五　生死即涅槃の論理

1　本　文

惑染凡夫信心発　　惑染の凡夫信心発すれば、
証知生死即涅槃　　生死即涅槃なりと証知せしむ。
必至無量光明土　　必ず無量光明土に至れば、
諸有衆生皆普化　　諸有の衆生みなあまねく化すといえり。

2　語句解説

「惑染」とは、煩悩と罪悪にまみれているもののことです。「凡夫」とは、平凡な人間のことで私たちをいいます。「信心」とは、「めざめ」体験をいいます。「生死」とは、「まよい」の世界のことです。「涅槃」とは、仏の「さとり」の世界のことです。「証知」とは、「めざめ」ること、「さとる」ことをいいます。「無量光明土」とは、阿弥陀仏の浄土のことで、それが無量なる光明の世界であるところからそういいます。「諸有」とは、すべての生きとし生けるもののことです。「普く化す」とは、すべての人人を教導して済度することで、ここでは還相摂化の働きをいいます。

3　法味領解

この文章は、私たちのような煩悩と罪悪にまみれた凡夫でも、仏法を学び、念仏をもうして生きていくならば、やがて必ず、今生においては真実の信心を開発して、生死、「まよい」のただ中にこそ、涅槃、仏の「さとり」があることに「めざめ」ることができ、またそういう信心に生きる人は、来世、死後には、阿弥陀仏の浄土に往生して、その仏の衆生救済の聖業に参加することとなり、この現実世界に還来して、多くの人人を教化し、成仏せしめる働きをもつことができる、ということを意味します。

ここでことに、「証知生死即涅槃」、「まよい」がそのまま仏の「さとり」であると「めざめ」るというのは、すでに上の「第六章　信心の利益を明かす文――一　煩悩と涅槃の即一」のところで見た、「不断煩悩得涅槃」という文にも重なるもので、それは真宗信心が、大乗仏教の基本原理、その般若の論理にもとづいて成立することを、ものの見事に表明するものであります。なおこの文に重なるものとしては、『浄土文類聚鈔』の「念仏正信偈」には、「信心開発すれば即ち忍を獲、生死即ち涅槃なりと証知す」（真聖全二、四四九頁）とあります。

このことについては、曇鸞は、その『往生論註』に、

彼の浄土に生ずることをうれば、三界の繫業畢竟じて牽かず、すなわちこれ煩悩を断ぜずして涅槃分をうる。（真聖全一、三一九頁）

と明かして、煩悩即涅槃を語っております。ただし、このことは来世の浄土往生の利益として示したものにほかなりません。いま親鸞は、そのことを今生における真実信心の開発に即する利益として、よく証知、信知することができると明かすわけです。

親鸞は、その『高僧和讃』に、

罪障功徳の体となる　こほりとみづのごとくにて
こほりおほきにみづおほし　さはりおほきに徳おほし（真聖全二、五〇六頁）
無碍光の利益より　威徳広大の信をえて
かならず煩悩のこほりとけ　すなはち菩提のみづとなる（真聖全二、五〇五頁）

と明かしております。菩提というのは仏の「さとり」のことですから、涅槃と同じ意味です。信心を開発するならば、「まよい」、煩悩の氷がとけて、菩提、「さとり」の水となるというのです。罪障とは、煩悩のことです。功徳とは、価値のことで、ここでは菩提、涅槃を意味します。その罪障、煩悩、地獄行きの因子が、そのまま菩提、「さとり」、浄土往

生の体、因子となるというわけで、それはあたかも氷と水のような関係だといいます。すなわち、氷が多ければ多いほど溶けた水が多いように、煩悩、罪障が多ければ多いほど、その「さとり」の功徳、利益も多いということになります。まったく相反するものが、実はひとつだということ、すでに上にもいったように、鈴木大拙氏がいうところの、Ａイコール・ナットＡ、Ａは非Ａと等しいという論理です。

悪と善、罪業と功徳、煩悩と菩提、生死と涅槃、これらはまったく相反する、矛盾するものです。だから菩提、涅槃が成立するためには、その反対の煩悩、生死を根源的に否定しなければなりません。にもかかわらず、それを消さずして、むしろそれを因子、本質としてこそ、それがそのまま転じて、それとはまったく相反する菩提、涅槃になっていくというのです。「しぶ柿のしぶがそのまま甘味かな」という歌がありますが、そのことをあらわしたものでしょう。「しぶ」を取りのぞいてはだめなのです。あの「しぶ」が、秋の太陽に照らされ、秋風にさらされることによって、そのまま甘味になっていくのです。

親鸞は、真宗信心とは、そういうことが成りたつ境地だというのです。煩悩と菩提は別ではない。両者はまったく矛盾対立しながら、しかもまた無差別同一であるというわけです。「松影の黒きは月の光かな」という歌があります。満月が皓々と照らせば、庭の松の影は黒々とあらわれます。三日月の晩には影もうつらない。影と光というものは、抽象的にいえば、まったく矛盾する概念ですけれども、具体的には、この句のような状況が成りたちます。罪の自覚、自己の罪業に深い痛みをおぼえるということは、如来の慈悲にめざめればこそ、そういうことが成りたってくるのです。影が黒々とうつるということは、身に月の光をいっぱいあびているということです。光がなければ影も生まれてはきません。論理的にはまったく矛盾することが、体験としては、見事に成りたってくるわけです。

そのことは固い言葉で表現すれば、絶対矛盾的自己同一というべきもので、親鸞における信心とは、そういう構造をもっているわけで、そういう矛盾の構造に「めざめ」ることを、「証知生死即涅槃」と明かします。

第十章　道綽禅師を讃える文

一　道綽禅師の事蹟

道綽禅師は、『続高僧伝』によりますと、北斉の武帝の河清元（五六二）年に生まれたといいます。幼くして出家し、涅槃宗に属して仏教を学んだようで、後には持戒を中心とする教団を統卒していた慧瓚禅師にしたがって、戒律と禅定を学びました。後世において、道綽が禅師と呼称される理由でもあります。そして慧瓚禅師の没後、一転して浄土教に帰入したといいますが、それは四十八歳のとき、石壁の玄中寺に参詣し、そこにあった曇鸞を讃仰する石碑を見たことによるといい、その後の道綽は、この玄中寺にとどまって、曇鸞の浄土教を継承し、もっぱら称名念仏行を修めました。

かくして道綽は、この玄中寺に住して念仏すること日課七万遍におよんだといい、その教化をうける民衆も多かったと伝えております。ことに道綽は、人人に念仏を勧めるのに麻豆（小豆）をもってしたといいます。かつて私は、中国仏教会の招きによってこの玄中寺に参詣したことがありますが、その環境はまったくの静かな農村地帯で、点々と農家が散在しているという状況でありましたが、そういう農村の庶民の中に、この浄土念仏の教えが滲透していったわけでありましょうか。

そして禅師は、貞観一九（六四五）年に、八十四歳にしてこの玄中寺において没しました。道綽には、善導、道撫、僧衍、英法、尼大明月、小明月らの、多くの弟子があったと伝えております。なおまた、その玄中寺に参詣したときに見たわけですが、その大雄宝殿（本堂）の前庭に建立されている「鉄弥勒像頌碑」によりますと、時の唐の太宗皇帝が、この玄中寺を訪ねて妻の文徳皇后の病気平癒を祈願し、禅師がその仏事を勤めたとありました。道綽の『安楽集』には、上に見た曇鸞と同じように、数々の民俗信仰的な呪術が散見されるところで、そこでは他力を説明するのに、曇鸞が語った、転輪王の例示のほかに、六喩、計七種の喩えをもって、その不思議な威力について明かし（真聖全一、三九九頁）、またさらには、犬に咬まれたときには、口の中で「虎来虎来」と喚ぶならば、その傷が治る（真聖全一、四〇四頁）などとも明かしております。かくして道綽の浄土教思想には、当時の中国における呪術信仰が、数多く含まれていたことが想像されます。このような事実は充分に承認した上で、道綽の浄土教を理解すべきでありましょう。

道綽における撰述としては、『続高僧伝』などによりますと、『安楽集』二巻と『行図』というものがあったことが知られます。その『安楽集』については、『観無量寿経』の要義を述べたもので、道綽は、当時の中国仏教界において、宗派を超えて注目されていた『観無量寿経』を、その経典の本来の立場である浄土教の視座から、その玄趣を明確化すべく、繰りかえして講義をしたといいます。『続高僧伝』によりますと、「無量寿観を講ずることまさに二百遍」とありますから、道綽は、もっぱらこの『観無量寿経』に傾倒し、それについて研鑽し講説したことがうかがえます。その点、この『安楽集』二巻とは、その『観無量寿経』の要義にもとづくところの、浄土念仏の教義にかかわる自己領解を、集大成したものであるといいえましょう。またその『行図』とは、今日では未伝で、その内容がいかなるものであったかはまったく不明です。『続高僧伝』では、「つぶさに行図を叙す」とあるところからすると、ことにその「つぶさに」という語にこだわるかぎり、道綽は、その生涯において、繰りかえして『観無量寿経』を講じたと伝えておりますから、あるいはその『観無量寿経』の分科、科段、その組織図について、細かく図示し、解説したものであったのかもしれません。しかしながら、現物が未伝であるかぎり、その内容はまったく不明といわざるをえません。

二　聖道教と浄土教

1　本　文

道綽決聖道難証
唯明浄土可通入
万善自力貶勤修

道綽聖道の証しがたきことを決して、
唯浄土の通入すべきことを明かす。
万善の自力勤修を貶す。

2　語句解説

「聖道」とは、出家者中心の仏教のことで、その成仏の要件として諸善万行の道を教説します。「浄土」とは、在家者中心の仏教のことで、称名念仏中心の道を教説します。「通入」とは、仏の「さとり」に至ることをいいます。「万善の自力」とは、聖道教の諸善万行の道をいいます。「勤修を貶す」とは、聖道教の万善の諸行を修めることは、まちがいだと批判することをいいます。

3　法味領解

道綽の『安楽集』における中心の主張は、聖浄二門判といわれる教示です。すなわち、仏法、仏道を、聖道門と浄土門の二門に分けて、聖道門を捨てて浄土門に帰依せよと勧めることです。次の文章がそれです。

問うていわく。一切衆生みな仏性あり。遠劫より以来まさに多仏にあうべし。何によってか今にいたるまで、自ら生死に輪廻して火宅をいでざるや。答ていわく。大乗の聖教によるに、まことに二種の勝法をえて、もって生死をはらわざるによりてなり。ここをもって火宅をいでず。何ものをか二とする。一にはいわく聖道、二にはいわく往生浄土なり。その聖道の一種は今のとき証しがたし。一には大聖を去ること遥遠なるによる。二には理深く解微なるによる。このゆえに『大集月蔵経』にいわく。「わが末法の時の中に億億の衆生、行を起し道を修せんに、いまだ一人もうるものあらず。当今は末法にして、現にこれ五濁悪世なり、ただ浄土の一門ありて通入すべき路なりと」（真聖全一、四一〇頁）

その文章の意味するところは、「一切衆生みな仏性あり」とは、人間はひとしく仏に成るための種子を宿しているというわけです。そして久遠の昔から現在に至るまで、生まれかわり死にかわりして、多くの仏に出遇ったはずである。にもかかわらず、どうして今もなお、「生死に輪廻して火宅をいでざるや」、火のついた家屋、迷いの境界をでることができないのでしょうか。「答えていわく。大乗の聖教によるに、まことに二種の勝法をえて、もって生死をはらわざるによりてなり。ここをもって生死をいでず」。それについては、大乗仏教の聖教によると、二種のすぐれた教法を学んで、その迷いの世界をはなれないからであるといいます。その二種の教法とは何かというと、一には聖道門、二には往生浄土門の教えです。聖道門、浄土門という言葉は、ここから始まったわけです。しかし、その聖道門の教えは、今日の末法の時代では、なかなかその結果がえられません。どうしてかというと、一には、偉大なる聖者であった、釈尊を去ることが遥遠だからであります。そして二には、仏法の道理は深いにもかかわらず、今日の私たちのそれに対する理解の能力が、まことに微少で、お粗末だからという、この二種の理由によるからであります。かくして、『大集月蔵経』には、我が末法の時の多くの衆生は、いかに行を起こし道を修めようとも、いまだ一人として証（さとり）をうるものはおりません。一生懸命に努力しても道を成就するものはいません。現在は末法にして五濁の悪世であります。このような時代においては、ただ浄土念仏の一門だけが成仏の道路である、と説かれているというのです。

すなわち、仏道には、もともと出家者のための仏道としての聖道門と、在家者のための仏道としての浄土門があります。ところが、末法の時代の今日においては、仏道とは唯一、在家者の仏道としての浄土門、念仏の道だけが、仏の「さとり」に通じる道だというのです。どうして念仏の道、浄土門だけが通用する道かといいますと、それについて二つの理由をあげます。これを二由といいます。その理由の一つには「大聖を去ること遥遠なり」、釈尊から遠く離れている。これは時代性、歴史性を意味します。もう一つの理由は「理深く解微なり」、仏教の道理は深いのに、人間の智解はだんだん浅くなってきたということで、これは人間性、その能力性を問題にします。歴史の問題と人間の問題、歴史観と人間観を踏まえて、聖道門はだめで、浄土門だけが正しいというわけです。そしてそのことの証拠に、『大集月蔵経』に、今の時代には、いかに修行しても成仏することはできないと説いている、というのです。これを一証といいます。これは経典の文章のとおりではなくて、その意味をとってそういっているわけです。しかし、この『大集月蔵経』の取意の文は、親鸞には、とても感銘深く受けとめられたようで、「化身土文類」の二か所にわたって引用されています（真聖全二、一五三頁、一六八頁）。かくして、以上の二由一証にもとづいて、今日の末法の時代には、すでに聖道教は通用せず、ただ浄土教のみが、仏の「さとり」をうることのできる、唯一の仏道であるというのです。

三　日課念仏の提唱

1　本　文

円満徳号勧専称　　円満の徳号専称を勧む。

2　語句解説

「円満の徳号」とは、あらゆる功徳、価値がそなわっている阿弥陀仏の名号のことです。「専称を勧む」とは、ひたすらなる称名念仏を勧めることをいいます。

3　法味領解

道綽は、ひとえに称名念仏の行道を主張いたしました。ここで親鸞が「聖道の証しがたきことを決して、唯浄土の通入すべきことを明かす。万善の自力勤修を貶す。円満の徳号専称を勧む」と明かすところです。ひとえに阿弥陀仏の名号を称することを勧励したということです。そして民衆を教化するについては、それぞれに袋を二つ用意させて、その一つの袋には麻や小豆の実を入れておいて、念仏しながら、それにあわせて、その実をもう一つの袋に入れていきます。百粒入れておけば、その袋が空《から》になれば百遍、反対に返していけば二百遍ということになります。このようにして、日日の称名念仏の数を競わせて、念仏の相続を勧めたといいます。

そしてまた道綽は、しばしば念仏三昧ということをいいます。三昧とは、サマーディ（samādhi）のことで、心を定め、心眼を開いて仏を見ることをいい、親鸞のところに引きよせていえば、仏に出遇うという究極的な信心体験に重なる宗教的境地を意味します。称名念仏をひたすらに修めていたら、そのような仏に出遇うという体験が生まれてくるというわけです。事実、道綽の伝記によれば、彼はその称名念仏行を通じて、三昧をえて仏に出遇い、見仏したと伝えています。すなわち、道綽における浄土往生の行道とは、曇鸞における十念相続の思想を継承しながらも、それはまた、念仏往生の道であり、それはまた観仏往生の道であって、道綽では観仏と念仏とは一つに重なるものでありましたが、それはより具体的、本質的には、ひとえに称名念仏行を修めて、三昧、見仏をうる道でありました。

このような浄土往生の行業としての称名念仏の策励は、すでに上に見たように、インドの龍樹浄土教にはじまったわけですが、それが中国に伝来し、曇鸞浄土教に継承されていきました。その意味においては、それ以来、浄土教の行業とは、ひとえに称名念仏に帰結して教説されました。中国浄土教において、「念仏成仏是真宗」（『五会法事儀讃』大正四七、四七九頁）と語られてきたゆえんでもあります。そしてその行道が、日本に請来されて、親鸞の浄土教となっていったところです。

親鸞においては、真宗の行業とは、ひとえに「無碍光如来の名を称する」（「行文類」真聖全二、五頁）ことであると教言されています。しかしそのような称名念仏行をめぐっては、ことに京都を中心とする本願寺教団においては、近世以来ほとんど策励されてきませんでした。だが、個人的には、心ある教学者や真宗僧侶によって主張されてきたところです。ことに集団的には、西本願寺教団の中の広島地方、安芸の国においては、僧叡（一七六二〜一八二六）にはじまる石泉学派によって、日日の生活習慣行としての称名念仏が、徹底して教化指導されるところがあり、この地方には、ひろく称名念仏が盛んでありました。私はその安芸門徒に属して、その石泉学派の学系を伝える寺院に生まれましたので、幼いころから、そのような称名念仏を学んできました。そこで若いころから、真宗信心を学ぶについては、何よりも称名念仏が肝要であると領解し、信前、信後を問うことなく、もっぱら称名念仏するように語り、またそのように主張してきました。ところが、そのことをめぐって、西本願寺当局から、異端であるといって、何度も招喚され、弾劾されました。

覚如、蓮如の教化にしたがって、称名念仏とは信後の報恩行であって信前に称名は不用である。したがって信前の称名を勧めてはならないというわけです。しかしながら、親鸞自身は、明確に、

往生を不定におぼしめさんひとは、まづわが身の往生をおぼしめして、御念仏さふらふべし。（『親鸞聖人御消息集』真聖全二、六九七頁）

と語って、真宗の仏道を学ぶについては、まず何よりも、信前に称名念仏を修めよと教言しているところです。そしてまた、まことの信心を決定したものも、その信後には、いっそう徹底して称名念仏せよといって、

弥陀大悲の誓願を　ふかく信ぜんひとはみな
ねてもさめてもへだてなく　南無阿弥陀仏をとなふべし（『正像末和讃』真聖全二、五二二頁）

と教示しています。しかし、にもかかわらず、西本願寺教団では、親鸞の教言を無視、否定して、信前に称名念仏することは異端であるというわけです。だが親鸞の『教行証文類』によれば、真宗信心を開発するについては、すでに上において明かしたように、ひたすらに日日称名念仏をもうし、それが私の仏に向かう称名のままに、それは実は、仏の私に向かう仏の喚び声、招きの声であると、心深く聞名、信知していけよ、そこにこそ、ま

ことの信心が開発してくると教えているところです(『教行証文類―真宗学シリーズ8』参照)。親鸞によれば、真実信心とは、それ自身が独立して成立するものではなくて、必ず称名念仏行に即してこそ開発し、相続されていくものです。親鸞が、その『末燈鈔』に、

行をはなれたる信はなしときき て候。又信はなれたる行なしとおぼしめすべし。(真聖全二、六七二頁)

と明かすとおりです。称名念仏せずして、信心が開発するはずはありません。

しかしながら、西本願寺では、そのような親鸞の教示をまったく無視しますので、信心を開発するにはどうすべきか、そういう行道についてはいっこうに教えません。信心開発のための実践行は何も語ることなく、ともかく信心せよというだけです。それでは民衆にとって、確かな信心体験が成立するはずはありません。そのことは、今日では東本願寺教団でも共通する問題で、いずれの法座に参加しても、ほとんど称名念仏の声は聞えてきません。悲しいことです。これでは真宗が衰退していくのは、必然の道理であります。もしもまことの真宗の教法を学ぼうと願われる人人は、親鸞の教言にしたがって、まず何よりも、称名念仏が自分の生活習慣行となるように、心がけて日日修めてください。そうすれば必ず、真宗の本義が、自分の身に沁みて領解できるようになります。そのことこそが、この道綽が身をもって教導したところの、日課念仏の意義でもありましょう。

四　二知三信の教示

1　本　文

三不三信誨慇懃　　三不三信のおしえ慇懃にして、

2　語句解説

「三不三信」とは、誤った信心と正しい信心について明かした言葉です。「誨《おしえ》」とは、誤った考えを教え正すことをいいます。「慇懃」とは、ねんごろに教え導くことをいいます。

3　法味領解

道綽は、浄土の行道について、ただひとえに念仏すべしといいます。これは龍樹、曇鸞の教学をうけたものです。そのことが、この道綽に至ると、きわめて明確に、浄土の行道とは、ひとえに称名念仏行であるということになってきます。つまり、阿弥陀仏に出遇い、それを信心体験するためには、何よりも称名念仏すべきであるという考え方が主流になってきます。

そして親鸞はここで「三不三信のおしえ慇懃にして」といいます。これはもともと『往生論註』において説かれたもので、そこでは、

しかるに名を称し憶念することあれども、無明なを存して、所願を満たさざるは、何となれば、如実修行せざると、名義と相応せざるによるがゆえなり。いかんが如実修行せざると名義と相応せざるとならば、いわく如来はこれ実相の身なり、これ物《もつ》の為の身なりと知らざるなり。（真聖全一、三一四頁）

とあります。自分で問いを立てて、称名し、仏を憶念しても、ほんとに仏に出遇えない、信心が開発しないのはなぜかと問い、それに対して、自ら答えます。そこでどのように答えているかというと、その称名がほんとうの称名念仏になっていないから、仏に出遇えないのだというのです。「不如実修行、名義不相応」、すなわち、その称名が不如実、まことでないからである。さらにいうならば、名義と相応しない称名だからである。名義とは名前の意味、名号の中身、仏心のことで、その仏心と相応していない、それについて領解、信知していないような、口先だけの称名行ではだめだというわけです。

そしてその不如実修行、名義不相応の称名とは、さらにいえば、二つのことを知らない

（二不知）称名だといいます。その二不知とは何かというと、「如来はこれ実相の身なり、これ物の為の身なりと知らざる」ことだというのです。すなわち、阿弥陀仏が実相身《じっそうしん》であり為物身《いもっしん》であることを知らないことをいいます。その実相身とは、真如、法性、真実のことで、言葉をかえていえば、仏の智慧、仏の「さとり」のことです。そしてその為物身とは、物とは人間のことで、如来は私たち人間のための存在であるということで、具体的には、私たちに向かって慈悲の働きかけをしている仏だということです。

すなわち、実相身というのは、如来とは真実だということ、私の立場からいうならば、仏とは、私にとってはどこまでも遠い存在だということです。だからそのことを逆にいうならば、私はどこまでも不真実だということで、その実相身を知るということは、この私の虚妄性、地獄一定の現実の相、その機の深信にめざめていくということを意味し、それに対して、為物身を知るとは、阿弥陀仏とは、ひとえにこの私のための存在であるということ、逆にいうならば、この私はすでに仏の大悲摂取のただ中にいる、仏はいつもこの私の生命の中にまで来ていてくださるということです。だからそのことは法の深信にめざめていくことだといっていいと思います。

この二不知の思想を展開して、後に善導が二種深信の思想を語っていくわけですから、今はそのことに引きよせてそのようにいうわけです。だから、私たちが、如来が実相身、為物身であることを知らないということは、私が不真実の存在であり、地獄一定だということを知らないということであり、さらにはまた、私がすでに仏の大悲の中に摂取されて、往生一定であるということを知らないということで、このことを二不知というわけです。

そして道綽は、その二不知の内容をさらに展開し、曇鸞の教示にしたがって、そのことは信心が三様にわたって正しくない（三不信）ということだといいます。『往生論註』には、次のように説かれています。

また三種の不相応あり。一には信心淳からず、存るがごとし亡るがごときのゆえに。二には信心一ならず、決定なきゆえに。三には信心相続せず、余念へだつるがゆえなり。（真聖全一、三二四頁）

道綽は、この文をうけて、あやまった信心、三不信について明かすわけです。その三不信とは、まずは「信心不淳」、信心淳《あつ》からず。淳は淳朴の淳で、厚くて深いということで、いまは信心がそうでないというのです。次に「信心不一」、信心一ならず。一でないということは、二心に分裂していることで、疑心が残っているということです。そしてもう一つは、「信心不相続」、信心が一貫して続かないということです。

そこでまことの信心とは、淳心、一心、相続心の、三種の性格を備えたものでなければならないというわけです。淳心とは、淳厚にして真実なる心を意味し、一心とは、専一無二なる心、決定無疑なる心を意味し、それはついには前の淳心に帰結するもので、その淳心と一心とは重なって、まことの決定信知の心、真実の信心をいいます。とすれば、この三信心とは、そういう如実の信心が、日日に相続されていくことを意味します。相続というのは、その時、その時の縁を通して、自分の心に浮かんだときに、同じ心が続くことを相続というのです。さまざまな縁において、自己の罪業の深さを痛み、さまざまな縁において、仏の温かい大悲の心に包まれていることの喜びを味わい、その安らいを思う。そういう二種の心が一つになったところの真実信心が、さまざまな人生の縁を通して、変わることなく続いていくことを相続というのです。そういう心を三信といい、そうでない反対の心を三不信というわけです。そのことをここで「三不三信のおしえ慇懃にして」といって、まことの信心に生きる姿勢について教言しているところです。

五　末法思想と浄土教

1　本　文

像末法滅同悲引　　像末法滅同じく悲引す、

一生造悪値弘誓
至安養界証妙果

一生悪を造れども弘誓にもうあいぬれば、
安養界に至って妙果を証せしむといえり。

2 語句解説

「像末」とは、像法と末法の時代のことです。「法滅」とは、仏法が滅亡した時代のことです。「悲引」とは、末法や法滅の時代になっても、大悲の心をもって念仏の教えを留め、人人を教導することをいいます。「一生悪を造る」とは、私たちの生涯の姿をいいます。「弘誓にもうあう」とは、阿弥陀仏の本願の教えにあって信心を開くことをいいます。「安養界」とは、心身を安らえる世界のことで、阿弥陀仏の浄土をいいます。「妙果」とは、すぐれた仏の「さとり」のことをいいます。

3 法味領解

仏教が、この世界と人間の歴史をめぐって、どのように考えているかについて、ここでいう正像末の三時思想の基礎となる、仏教の歴史観をめぐって、簡単に説明いたしましょう。キリスト教においては、神による天地創造を説き、またその世界の終わりには、ハルマゲドンにおける神と悪魔の戦いがあって、神を信ずるものは神の国に迎えられ、悪魔にしたがうものは地獄におちるという、終末論を語りますが、それはまったく一回かぎりの直線的な歴史観です。それに対して、仏教が説くところは、きわめて壮大な無限的螺旋的な循環史観ともいうべきものです。

すなわち、紀元前後に成立したといわれる『世記経』や、その後の『阿毘達磨倶舎論』、その他の論書によりますと、四劫ということが説かれて、この宇宙世界は、成劫、住劫、壊劫、空劫という、成立時代、安定時代、破滅時代、空無時代の四期にわたる変遷を、無限に繰りかえして展開していくといいます。その成劫（成立時代）とは、この山河大地という環境世界と人間やその他の動物や生物が成立してくる時期をいい、空中に微風が生じて、風輪、水輪、金輪の三輪が生起し、やがて須弥山に続いて四大州が成立し、その後に、人間およびもろもろの生物や動物が発生してくる時代をいい、それは二十劫ほどの年月がかかるといいます。ここでいう劫とは、すでに「第三章　弥陀仏を讃える文」のところで述べたような、長い年月をいいます。そして次の住劫（安定時代）とは、そのようにして成立した環境と、そこに住む生物が存続する時期をいい、そこでは人間の寿命が、短命の時代と長命の時代を繰りかえしつつ、二十劫ほど続くといいます。そして次の壊劫（破滅時代）とは、その環境と生物が消滅していく時代をいい、はじめに生物、すなわち、人間やそのほかの動物が次第に死滅していき、次いで天上界が壊れ、そのあとに、この山河大地が壊滅していくといい、それは二十劫という長い年月をかけて、徐々に進行していくといいます。そして次の空劫（空無時代）とは、一切の生物が死滅し、一切の環境が消滅して空無となる時代をいい、それがまた二十劫ほど続くというのです。そしてそのような四劫が、かぎりなく循環していくというわけです。これが仏教が考えるところの、螺旋的循環的な歴史観であります。

二千年の昔に、仏教がこのような人類の歴史と宇宙の歴史を捉えていることは、今日の私たち人間の在り方をめぐって、多くのことを象徴的に教示しているわけで、充分に注目し、一考すべきことでありましょう。

そこで今ここで語られる末法思想とは、その仏教が説くところの成劫の時代の中で繰りかえされる、三時思想についていうわけです。すなわち、釈尊滅後に、正法の時代と像法の時代と末法の時代とがあって、その後は仏教は滅亡するという考え方です。その正法とは、仏法が栄える時代のことで、像法とは、形はあるけれども中身がない時代ということで、教えがあり、その道を修める人はいるが、その「さとり」をうる人はいない、という時代のことです。そして末法とは、仏法はあるけれども、行ずる人も証する人もいない時代をいうわけです。そしてその年数については、正法五百年、像法千年、末法一万年を語りますが、また正法五百年、像法五百年といったり、正法千年、像法千年といったり、年数の数え方には諸説があります。いずれにしても、末法一万年がすぎれば、仏法は滅びてなくなっていくというのです。

そのような三時思想については、釈迦仏の入滅年代が問題となりますが、古くは衆聖点記説といって、釈尊が亡くなってから、毎年その年の安居《あんご》が終わるたびに一点ずつ記してきて、それにもとづいて計算されたところでは、紀元前九四九年に入滅したということになるわけです。道綽は紀元五六二年に生まれていますから、その年は仏滅後千五百十一年になります。つまり道綽が生まれたのは、仏滅千五百年を過ぎた末法の時代です。道綽が生まれた北斉（五五〇～五七七）の時代、中国の仏教は、北周（五五七～五八一）の武帝（位五六〇～五七八）によって、大きな弾圧をうけ、たくさんの僧侶が還俗させられ、寺院が破壊されるという廃仏の法難がありました。道綽はそういう出来事を通して、末法の到来を実感したことでありましょう。

日本では、末法を計算するのに、正法千年、像法千年という計算をしましたので、末法第一年は永承七（一〇五二）年でした。その翌年に宇治の平等院鳳凰堂が建立されます。やがて藤原氏が没落して源平の合戦がはじまり、眼前に暗黒の末法の時代が出現しました。源空（一一三三～一二一二）、親鸞（一一七三～一二六二）は、そういう時代に生まれたわけです。

ところで、その末法思想をめぐって、当時の仏教徒がいかに対応したかについては、伝統の仏教に所属した笠置《かさぎ》の貞慶（一一五五〜一二一三）や、栂尾《とがのお》の明恵（一一七三〜一二三二）らは、ともに末法の意識をもちながらも、釈尊の弟子としての自覚を徹底させつつ、その戒行をいちずに実践して、仏教の復興をめざし、その末法の歴史を身をもって克服すべく、たくましく生き抜いていきました。また新しく鎌倉新仏教を開創した源空、道元（一二〇〇〜一二五三）、栄西（一一四一〜一二一五）、日蓮（一二二二〜一二八二）らも、この末法思想を深刻にうけとめて、それに向かって厳しく対峙しつつ、それを主体的に克服すべく、それぞれの仏道を精進していったところです。

それに対して、親鸞における末法思想への対応は、きわめて特異なものがあって、充分に注目すべきことだと思われます。すなわち、はじめの歴史性、釈迦仏から遠く離れているということをめぐっては、上の「第五章　釈迦仏を讃える文」のところで見たように、独特な釈尊観をもって、釈迦仏とは、まさしくは久遠実成なる阿弥陀仏にほかならない。その阿弥陀仏が、現実の歴史の上に示現して、釈迦仏になったというわけです。かくして、親鸞においては、歴史的な存在としての釈尊とは、その歴史を超えたところの阿弥陀仏にほかならず、その釈迦仏即阿弥陀仏は、この私に向かって絶えず到来し続けているのであって、大聖を去ること遥遠であるという発想は、まったく成立しないこととなります。

その点、ここでは末法思想、その歴史意識は、見事に克服されていることとなります。そしてまた、その末法思想における人間性、人間における智解の薄弱性をめぐっては、親鸞においては、末法の時代には仏道が成立しがたいということは、出家者の仏道についていうものであって、在家者の仏道としての称名念仏の道とは、特定の場所も時間も設定することなく、日常的な生活のあらゆる場所と時間を通じて、しかもまた、いかなる凡夫であろうとも、ひとしく通じうる万人普遍の道であって、この末法濁世の時代に、もっともふさわしい教法であるというわけです。

かくして親鸞においては、その末法思想、その意識は、釈尊を去ること遥遠であるという歴史性の問題についても、また現今の人間の智解が浅薄であるという人間性の問題についても、ともによく克服されているところであって、ここには親鸞における末法思想に対する、独自なる領解とその姿勢がうかがわれます。

そして道綽は、その第十八願文を取意して、

もし衆生ありて、たとい一生悪を造れども、命終の時にのぞんで、十念相続して我が名字を称せんに、もし生まれずば正覚をとらず。(『安楽集』真聖全一、四一〇頁)

と明かすように、私たちは、いかほど罪業深重なる人生を生きようとも、ひとえに阿弥陀仏の本願、大悲を学び、もっぱら称名念仏を修め、十念相続していくならば、必ず浄土に

往生することができると教えているところです。ここで「一生悪を造れども、弘誓にもうあいぬれば、安養界に至って妙果を証せむといえり」というのは、このような第十八願文の意趣にもとづく、道綽の領解について明かしたものにほかなりません。

第十一章　善導大師を讃える文

一　善導大師の事蹟

善導大師は、道宣の『続高僧伝』などによりますと、隋の大業九（六一三）年に誕生したといいます。その出生地は臨淄（山東省臨淄県）であろうといわれております。善導は幼くして明勝法師に従って出家し、はじめは『法華経』や『維摩経』を学びましたが、のちに浄土変相図を見て深く感銘するところがあり、それ以来は、浄土教に帰依して、もっぱら阿弥陀仏の浄土を願生したといいます。

善導は、はじめは長安の南にある終南山の悟真寺に住していました。ここで多くの先達に交わり、浄土の教法についていろいろと学んだものと思われます。しかし、その後、さらに仏道の師を求めて各地を遍歴し、山西省の石壁谷の玄中寺に住んで、その名声の高かった道綽禅師を訪ねました。当時の道綽は、今日の末法時代には、ただひとつ浄土念仏の道こそが、まことの成仏道であると領解して、自らはもっぱら称名念仏を修め、また民衆にもそれを勧めておりました。善導は、この道綽の門下となり、その指導を受けることになったわけです。それは善導が二十歳前後のことであったと思われます。この玄中寺は、もとは曇鸞が居住していた寺ですから、善導は、ここで曇鸞とも縁を結ぶことになったわけです。

そののち、道綽はこの玄中寺で八十四歳の生涯を終えましたが、そのとき、善導は三十三歳でした。そこで善導は再び終南山に帰ってきましたが、やがて長安の都にでて、多くの人人と交わり、力を尽くして伝道教化に励みました。そのころの長安は、唐の首都として栄え、ことには遠く西方諸国の文物も伝えられて、異国人が行きかよう国際都市になっていました。そういう状況の中で、善導の教化はよく民衆に受容されていったようで、『続高僧伝』によりますと、「すでに京師に入りて広く此の化を行ず。(中略)士女の奉ずる者その数は無量なり」と伝えておりますし、またその教化が徹底して、長安の街では肉を買うものが減少したと伝えています。善導による、その念仏の感化が、いかに強烈なものであったかがうかがわれるところです。

善導は、その『新修往生伝』によりますと、仏堂に入ると一心に称名念仏して力の尽きるまで休まず、寒冷の日にもなお念仏して汗を流していたといい、三十余年間は寝所を設けることなく、洗浴のほかには法衣は脱がなかったといい、戒律をたもって少しも犯さず、一切の名利を念ずることなく、綺訶戯笑することもなかったといいます。

また善導は、『阿弥陀経』を書写すること十万余巻におよび、浄土の変相図を描くこと三百余舗であったといいますが、現在、龍谷大学図書館に、かつての大谷中央アジア探検隊が、トルファンの遺跡からもたらしたところの、末尾に「願往生比丘善導願写弥陀経云云」という発願文が書かれている、唐代写本の『阿弥陀経』の断片が蔵されていますが、この古写本は、あるいは善導自身によって書写された、十万余巻の中の一本ではなかろうかと偲ばれるところです。

善導の撰述については、基本的には五部九巻あるといわれています。次のものがそれであります。『観無量寿経疏』（『観経疏』）四巻。『観念阿弥陀仏相海三昧功徳法門』（『観念法門』）一巻。『往生礼讃偈』（『往生礼讃』）一巻。『転経行道願往生浄土法事讃』（『法事讃』）二巻。『依観経等明般舟三昧行道往生讃』（『般舟讃』）一巻。なおまた、善導の撰述については、上記のほかに、『弥陀経義』『勧化径路修行頌』『臨終正念往生文』『二十四讃』『一行礼文』『念仏集』『大乗布薩法』『善導和尚遺言』『西方礼讃文』などがあるといわれております。

二　定善の道と散善の道

1　本　文

善導独明仏正意　　善導ひとり仏の正意を明かせり、
矜哀定散与逆悪　　定散と逆悪とを矜哀して、

2　語句解説

「独明」とは、聖道教の諸師の『観無量寿経』理解に対して、善導ひとりよくその正意を明らかにしたということ。「仏の正意」とは、『観無量寿経』のまさしき意趣をいいます。「定散」とは、定善（心を定めておこなう善）と散善（心が散ったままでおこなう善）を修める人をいいます。「逆悪」とは、五逆（殺父、殺母、殺阿羅漢、出仏身血、破和合僧）の罪と、十悪（殺生、偸盗、邪淫、妄語、綺語、悪口、両舌、貪欲、瞋恚、愚痴）の罪を犯した人をいいます。「矜哀」とは、あわれむことです。

3　法味領解

中国において末法思想が盛んになると、ことには阿弥陀仏思想が注目されるようになり、その浄土を願生することが盛んになりました。当時の代表的な仏教徒であった、地論学派の浄影寺の慧遠（五二三～五九二）や、三論学派の吉蔵（五四九～六二三）は、いずれも浄土教に傾倒して、『無量寿経』や『観無量寿経』の註釈書を著しました。しかしながら、彼らはともに、それぞれの学派を自己の立場として、かたわらに浄土教を受容したわけであります。ことにこの『観無量寿経』は、劉宋の畺良耶舎（三八三～四四二ごろ）によって、元嘉初年より同十九年の間（四二四～四四二）に訳出されたものといわれておりますが、善導も道綽を継承して、この『観無量寿経』に注目し、自らの主体をかけてその教法を領解していったわけです。ことに善導は、曇鸞の浄土教を学ぶことを通して、『無量寿経』に説かれるところの阿弥陀仏の第十八願文を立脚点とし、それにもとづいて、この『観無量寿経』を解釈していきました。

善導が、この『観無量寿経』を註解したものが、『観無量寿経疏』四巻であります。善導は、その「散善義」の後跋の文において、「某いまこの観経の要義を出して古今を楷定せんと欲す」（真聖全一、五五九頁）と述べて、『観無量寿経』に対する古今、過去と現在のさまざまな解釈について、検討、批判し、ここにその正義を開顕すると語っております。ここでいう「古今」とは、かつての慧遠、吉蔵らの解釈と、現今の摂論学徒の別時意説なる論難を指すものと思われますが、善導は、それらの誤解、非難に対し、自己自身の信念をかけて、楷定、正義を開顕すべく、この『観無量寿経』を随文随釈しているところです。

この『観無量寿経』は、基本的には、阿弥陀仏とその浄土を、心を浄め、念を定めて観想するという行業を説き、そのように心眼を開いて観仏するものは、ついには浄土に往生することができるという仏道を明かしたものです。しかしながら、善導の理解によると、この『観無量寿経』は、その後半において、さまざまな善根、そしてまた世俗における倫理、道徳的な善根、さらにはまた阿弥陀仏の仏名を称するという念仏の行を積むことによっても、同じように浄土に往生することができると説いているというのです。すなわち、ここには心を定めておこなう観仏という善根、そういう高級な定善の道と、心が散ったまま日常の世俗生活の中でおこなうところの、仏教的、または倫理的な善根、さらにはまた称名念仏行、そういう散善の道とが説かれているというのです。かくして、善導によれば、この『観無量寿経』の教説には、帰するところ二つの中心軸があって、その一つは定善なる観仏の道であり、もう一つは散善なる念仏の道であるということになります。

しかしながら、善導は、この経典の結びにおいて明かされるところの念仏往生の道に注目して、『観無量寿経』は、定善なる観仏往生の道と、散善なる念仏往生の道を説いているとしても、この経典とは、ついには私たちのように罪業が深重で、善根を修めることの困難な凡夫のための仏道として、称名念仏往生の道を開説したものであると結論づけました。善導が、この『観無量寿経』の註解を結ぶにあたって、その「散善義」に、「仏の本願の意を望まんには、衆生をして一向に弥陀仏の名を称するにあり」（真聖全一、五五八頁）と明かすゆえんであります。その点、当時の慧遠や吉蔵など、多くの仏教徒がこの『観無量寿経』に注目し、それについてさまざまな解釈を試みましたけれども、それらはいずれも正しい解釈とはいいがたく、ただこの善導の註解のみが、唯一阿弥陀仏の本願の意趣に立ち、釈迦仏の本意にもとづいて、この経典の正義を明らかにしたといいうるわけです。いま親鸞が、ここで「善導独り仏の正意を明かせり」といったのは、そのことについて述べたものであります。

かくして、善導における浄土教領解は、ひとえに念仏往生の道でありました。そしてその念仏の行道については、善導は浄土教の伝統を継承しつつも、また同時に、当時の時代社会に対応するものとして、まったく独自の理解にもとづく、新しい往生の行道を提示しました。すなわち、安心、起行、作業（『往生礼讃』真聖全一、六四八頁）という行道です。その安心とは、行業を修めるについての前提としての心の持ち方、用心ということで、それは『観無量寿経』に説くところの、至誠心、深心、廻向発願心の三心をいいます。また次の起行とは、読誦、観察、礼拝、称名、讃歎供養の五正行のことです。この五正行は、もと天親の『浄土論』に説くところの五念門行にもとづいたものですが、いまはそれを新しく称名中心の行業として解釈して明かしたもので、善導においては、この五正行の中では、称名行こそが正定の業として中心をなすものであり、その他の行は助業として、称名行を補助するものでした。そしてまた、作業とは、その五正行を実践する方規を明かすもので、それについては恭敬修、無余修、無間修、長時修の四修を語りますが、その中心としては、無余修なる専修を主張しました。

かくして善導は、まさしき浄土往生の行とは、この安心（三心）、起行（五正行）、作業（四修）の道であると明かしたのですが、さらにいえば、そのことは、浄土をめざす願心にもとづいて、ひとえに専ら称名念仏行を修めるところの、願行具足なる念仏一行の道であったともいいうるわけで、このように専ら称名念仏を行ずるならば、ついには三昧見仏の境地をえて、死後には浄土に往生することができると説いたところであります。

三　光明と名号

1　本　文

光明名号顕因縁　　光明名号因縁を顕わす。

2　語句解説

「光明」とは、阿弥陀仏の光明のことで、それはまた、阿弥陀仏の教法をも意味します。「名号」とは、阿弥陀仏の名前のことですが、それはまた、私における称名念仏をも意味します。「因縁」とは、何かが成立するための、直接的原因（因）と、間接的原因（縁）のことです。

3　法味領解

親鸞は、その「行文類」に、念仏と信心の関係をめぐって、

まことに知んぬ、徳号の慈父ましまさずば、能生の因かけなん。光明の悲母ましまさ

ずば、所生の縁そむきなん。能所の因縁和合すべしといえども、信心の業識にあらずば、光明土にいたることなし。真実信の業識、これすなわち内因となす。光明名の父母、これすなわち外縁となす。内外の因縁和合して、報土の真身を得証す。かるがゆえに宗師、光明名号をもって十方を摂化したまう。ただ信心をして求念せしむとのたまえり。また念仏成仏これ真宗といえり。また真宗遇いがたしといえるをや。知るべし。（真聖全二、三三〜三四頁）

と明かします。ここでは前文と後文の二重の論理をもって示します。すなわち、その前文では、徳号の慈父を因とし、光明の悲母を縁とし、そのような因と縁によってこそ、よく私の浄土往生が成立するというわけです。そして後文では、さらにその名号と光明、父と母とを外縁とし、それにおいて成立するところの信心を内因として、そのような内外の因縁によってこそ、よく浄土に往生して、仏の「さとり」をうることができるというのです。

その前文は、その徳号とは阿弥陀仏の名号のことですが、親鸞においては、すでに上に見たように名号とは称名を意味します。そしてまた光明も、それは親鸞が「聞光」（『浄土和讃』真聖全二、四八七頁）と明かすところで知られるように、そのことは私に届いている教法にほかなりません。かくしてこの前文は、より具体的にいいますならば、徳号とは称名のこと、光明とは教法、さらにはそれを学ぶという聞名、聞法を意味します。すなわち、この前文とは、私が日日不断に称名念仏し、心を傾けて聞法、聞名を重ねるならば、その因と縁とによって、まさしく信心を開発して、浄土に往生することができるということを明かしたものです。このことは『往生礼讃』の、

しかるに弥陀世尊、もと深重の誓願をおこして光明・名号をもって十方を摂化したまう。ただ信心をして求念せしむれば、上は一形をつくし下は十声・一声等にいたるまで、仏願力をもって往生をえやすし。（真聖全一、六五一頁）

という文によって語ったもので、それは念仏往生の道を教示したものです。いまの「正信念仏偈」の「光明名号顕因縁」とは、その前文について明かしたものです。

そしてその後文は、そのような名号と光明、称名と聞法を外なる縁とし、それにもとづいて成立する真実信心を内なる因として、そのような因と縁とが和合してこそ、よく浄土に往生して、仏の「さとり」をうることを明かしたもので、このことは親鸞における独自の領解にもとづいて、信心往生の道を教示したものです。その点、この文は、前文と後文の二重の構造をもって、真宗における仏道とは、念仏往生の道であるとともに、それはまた、信心往生の道でもあることを、主張していることが明瞭であります。

善導や道綽の浄土教では、称名念仏を策励すれば、その効果によって三昧見仏することができ、それを因として死後に浄土に往生できると主張いたしました。源空もまた同じよ

うに、その称名念仏の功徳によって、平生に三昧見仏するか、または臨終に来迎見仏できると教示しました。それに対して親鸞は、上に見たところの、龍樹浄土教、天親浄土教を継承して、その行道とは、称名念仏行によって、ひとえに信心を開発してこそ、往生することができると主張したわけです。ここに親鸞における、新しい浄土の行道に対する領解があるわけです。

なおここで信心を明かすについて、「信心の業識」「真実信の業識」ということについては、充分に注目されるべきところでしょう。この「業識」については、いろいろと論じられるところで、『大乗起信論』によれば阿頼耶識と理解されておりますが、いまここでは結論的には、生命存在の根源、その人格の根本主体を意味すると捉えるべきでありましょう。すなわち、真宗信心とは、その称名、聞名にもとづき、私がその心意識のもっとも深い次元での霊性（スピリチュアリティー）において、究極的、出世的な真実にふれる、それを経験するという出来事をいうわけですが、ここでいう信心の「業識」とは、そのような真実信心の成立にかかわる、もっとも根源的な人格主体をいったものと領解すべきでありましょう。すなわち、真宗信心を開発するということは、そういう私自身の内なる業識を育てて、新しい人格主体、念仏的人格主体を確立することにより、その人生生活を、確かに自立して生きていくことを意味するわけです。

四　信心の開発と相続

1　本　文

開入本願大智海　　本願の大智海に開入すれば、
行者正受金剛心　　行者まさしく金剛心を受けしめ、
慶喜一念相応後　　慶喜一念相応してのち、

2　語句解説

その「本願の大智海」とは、阿弥陀仏の智慧、「さとり」の世界のことです。「開入」とは、阿弥陀仏の本願に帰入することをいいます。「行者」とは、私たち念仏者のことです。「金剛心」とは、真実の信心のことをいいます。「正しく受く」とは、信心を開くことをいいます。親鸞は、「化身土文類」に「教我正受というはすなわち金剛の真心なり」（真聖全二、一四七頁）と明かします。「慶喜」とは、真実信心のことです。ただし、親鸞においては、「慶喜というは信をえてのちによろこぶこころをいふ也」（『尊号真像銘文』真聖全二、六〇一頁）と明かすように、その相続心についていうものです。「一念」とは、信心の開発と、その相続についての時間の極速をいいます。「相応」とは、私の心と仏の心とがよく即一することで、信心の開発とその相続についていいます。善導は、その「玄義分」に、「まさしく金剛心を受けて一念に相応してのち果徳涅槃の者とに帰命したてまつる」（真聖全一、四四一頁）と明かしております。ここでいう一念とは信心の開発を意味します。

3　法味領解

ここでは、真宗における信心をめぐって、その開発と相続について明かします。真宗における信心の開発、その成立について考える場合、まずその前提として、仏教における信心については、第一義的な意味をもつ、主客一元的な「心澄浄（チッタ　プラサーダ、citta prasāda）と、第二義的な意味をもつ、仏法僧の三宝などに対する主客二元的な「確信（シュラッダー、śraddhā）」としての信の、二種の信心があり、その第二義的な「確信」としての信を前提、能入位としてこそ、よく第一義的な能度位としての「心澄浄」なる、真実の信心体験が成立してくると語られます。かくして真宗においても、同じように、その信心については、初門位、スタートなる能入位の信心と、究竟位、ゴールなる能度位の信心があって、真宗における仏道とは、この能入位の信心から能度位の信心に至る、ひとすじの道程でもあるといいうると思われます。

そしてその能入信とは、教法に対する確信のことで、それは菩提心または求道心を意味して、そのような心は、何よりも先師、善友にめぐりあうことによって生まれ、育てられていきます。またその仏道の具体的な行業としては、ひとえに称名念仏をもうすという日日の生活が、確かに成立してくるということが大前提となります。そのようなよき師に恵まれ、称名念仏を修めるという生活が成りたたないかぎり、真宗の仏道は始まりません。そしてその能度信とは、真宗の仏道の根本目標であって、それは称名念仏という行業に即してこそ、この世俗を超えたところの、もっとも深い心の次元である、霊性ともいわれるべき、人間の生命の内奥において成立する、出世的、超越的な究極的体験、そういう境地をいうわけです。真宗における信心とは、それ自身、単独で成立するものではありません。つねに称名念仏行とともに、それに即してこそ成りたつものです。親鸞が、「行をはなれたる信はなしときさて候」（『末燈鈔』真聖全二、六七二頁）と明かすところです。

そしてそのような能度信、真実信心については、親鸞は「信楽」といいます。その信楽とは、『無量寿経』の第十八願文に説かれるもので、その原語としては、上に見た仏教における第一義的な信を意味する「チッタ　プラサーダ（心の澄浄）」のことです。その内実は、より分かりやすくいうと、私における真実、真理についての確かな「めざめ」体験を意味します。かくして真宗における信心とは、基本的には、「めざめ」体験と表象されるように、日日の称名念仏行に育てられながら、私の心の内奥において、私の煩悩、罪業について「めざめ」るとともに、それに即して、いつもこの私に届いている仏の大慈、大悲に「めざめ」るという体験をいいます。このことこそが、真宗における真宗信心の基本的な性格です。そしてそのことを、さらにいうならば、この私が、阿弥陀仏の願海に摂取されて、真実なる世界に転入していくことを意味し、また阿弥陀仏の大智、大悲が、この虚妄なる私の生命に貫徹し、現成してくるという、私における究極的な出来事というべきものです。

いま真実信心が開発してくること、そのような「めざめ」体験が成立してくるということは、上に述べた能入位の信心と、それにもとづく称名念仏の相続、その徹底として、その私から仏への私の称名が、そのまま仏から私への仏の称名と聞こえてくるようになること、そこに仏の声を聞くという、そういう出世的な究極的体験が、この私の身において、まったく主体的に、確かに成立してくることをいうわけです。その意味においては、真宗における行道とは、教法に対する明らかな確信としての能入位の信心から、究極的な真実に対する「めざめ」体験としての、能度位なる信心の開発への道程でもあるといいえましょう。

そしてそのような真実信心が相続されていくということは、いかなる仕組みをもって成立するものかというと、親鸞は、そのような能度位の信心が成立することと、その相続相をめぐって、「信文類」において、

それ真実信楽を按ずるに、信楽に一念あり。一念とは、これ信楽開発の時尅の極促を顕わし、広大難思の慶心を彰わすなり。（真聖全二、七一頁）

と明かします。すなわち、信の一念をめぐる教示です。親鸞は、ここではこの信の一念を解説して、一念を時間をあらわすものと捉える立場と、心相について明かすものと捉える立場の二側面から語ります。この一念とは、もともとは心念のことで、それは無二の心、無疑の心、すなわち、上に見たところでいえば、チッタ　プラサーダ（心の澄浄）としての「めざめ」体験を意味します。しかしながら、この「念」の語には時間の意味もあるところ、親鸞は、それを時間の意味にも捉えます。いまここで、一念とは「信楽開発の時尅の極促を顕わす」というゆえんです。ここでいう一念とは、信心が開発するきわめて短い時間を意味するわけです。すなわち、一瞬なる「ときのきわまり」（『一念多念文意』真聖全二、六〇五頁）として、仏教における時間の尽時現在、絶対現在なる、永遠の「今」を意味するものにほかなりません。真宗における真実信心とは、時間的には、つねにそういう「ときのきわまり」、永遠の「今」を場としてこそ、そういう無二の心、無疑の心としての

「めざめ」体験が、よく成立、開発してくるというのです。

しかしながら親鸞はまた、それに続いて、その一念を説明して、「広大難思の慶心をあらわす」といいますが、親鸞においては、その慶心、慶喜の心とは、

慶喜といふは信をえてのちよろこぶこころをいふ也。(『尊号真像銘文』真聖全二、六〇一頁)

慶喜とまふしさふらふことは、他力の信心をえて往生を一定してむずと、よろこぶこころをまふすなり。(『親鸞聖人御消息集』真聖全二、六九九頁)

などと明かされるように、信心を開発したのちに、その信心を相続する中で生まれてくる喜びの心を意味します。

かくして、上に引用した「信文類」の信一念の文は、その一念が、ひとつには無疑なる心としての信心が開発する極促の時間、永遠の「今」なる時間をあらわすとともに、いまひとつには、その信心が、信心開発ののちの慶喜の心として、日日の生活の中で、つねにそういう永遠の「今」を場としてこそ、相続されていくことをあらわします。すなわち、阿弥陀仏との出遇い体験、信心体験、「めざめ」体験とは、つねに永遠の「今」なる出世的な時間、阿弥陀仏の時間の中のみにおいて成立するものです。また、そのような信心体験は、その後の人生生活においては、さまざまな縁にもとづきつつ、そのような「今」に

おいて、「今」から「今」へという、非連続の連続、連続の非連続として、反復され、深化しながら相続されていくものです。いまここで「正受金剛心」というのは、その真実信心の開発をあらわし、「慶喜一念相応」とは、そのような信心の相続を意味するわけです。

五　現生の救いと来世の救い

1　本　文

与韋提等獲三忍　　韋提とひとしく三忍を獲ん。
即証法性之常楽　　すなわち法性の常楽を証せしむといえり。

2　語句解説

「韋提」とは、インドのマガダ国の王妃韋提希夫人のことで、阿闍世太子の母です。「三忍」とは、音響忍、柔順忍、無生法忍のことで、心が安穏となり一定の智慧（さとり）をえた境地をいいます。「法性」とは、仏の「さとり」の世界のことです。「常楽」とは、仏の「さとり」の世界について明かす、常、楽、我、浄の四徳のことをいいます。

3　法味領解

ここでは、その信心の開発の一念に即して、「韋提と等しく三忍を獲る」というのです。この韋提とは、釈迦仏の時代に、インドのマガダ国、王舎城の王であったビンビサーラ（頻婆沙羅）王の妃であったヴェーデーヒー（韋提希）夫人のことです。この王舎城にはアジャータシャトゥル（阿闍世）という太子がおりましたが、彼が謀反をおこして父王を殺害し、王位を奪うという事件がおこりました。韋提希夫人もまた牢獄に幽閉されましたが、その苦悩の中で釈迦仏に説法を乞うたところ、釈迦仏がこの夫人の前に現れて、阿弥陀仏の教えを説きました。それが『観無量寿経』ということですが、そのとき、韋提希夫人はその教えを聞いて、「廓然として大悟し、無生忍をえたり」（真聖全一、六五頁）といわれます。この無生忍とは、無生法忍ともいって、あらゆる存在をありのままに捉えて、それが無生無滅の法である、と見ることができるという智慧をうることで、それは菩薩道の第四十一位なる、初地、不退転地のもの、すなわち、真実信心の人がうるところの利益といわれます。この無生忍については、『無量寿経』に説く、阿弥陀仏の第三十四願、聞名得忍の願文には、

たとひ我仏をえんに、十方無量不可思議の諸仏世界の類、我が名字を聞きて、菩薩の

無生法忍、諸の深総持をえずば、正覚を取らず。（真聖全一、一一～一二頁）

と誓われています。日日に称名念仏しつつ、そこに阿弥陀仏の私に対する呼び声を聞いて、聞名信心をうるものは、ひとしくこの無生忍をうることができるというのです。親鸞は、この願文を、次の第三十三願、触光柔軟の願、

たとひ我仏をえんに、十方無量不可思議の諸仏世界の衆生の類、我が光明を蒙りて、その身に触るる者、身心柔軟にして人天に超過せん。若ししからずば、正覚を取らず。（真聖全一、一一頁）

という願文とともに、「信文類」の真仏弟子釈のところ（真聖全二、七五頁）に引用して、真宗信心に生きるものの現生の利益として教示されています。これらのことからして、真宗信心を開発するということは、「めざめ」体験をひらくということであって、そこには新しい知見がひらかれてくることであり、したがってまた、そのことはその信心において、新しい自己実現として、自らの人格主体が成長せしめられていくということでもあるわけです。親鸞が、真実信心の人を讃えて、

まことの信心をえたるひとは、すでに仏になりたまふべき御身となりておはします。（『末燈鈔』真聖全二、六八〇―六八一頁）

かならず仏になるべき身となるなり。（『浄土和讃』左訓親鸞全集、和讃篇七一頁）

まことの仏になるべき身となれるなり。（『一念多念文意』左訓真聖全二、六〇六頁）などと明かすものは、そのことを意味するもので、親鸞は、真実信心の人は、「仏に成るべき身に成った人」だというわけです。

すなわち、親鸞は、「真仏土文類」に、『大般涅槃経』の「加葉品《かしょうぼん》」の文を引用して、次のように明かします。

このゆえにわれ十住の菩薩、少分仏性を見ると説くなり。善男子、つねに一切衆生悉《しつ》有仏性《うぶっしょう》と宣説する、これを随自意説と名づく。（真聖全二、一三一頁・大正一二、五七三頁、八二〇頁）

この経文の意味は次のとおりです。

だから私（釈尊）は、この十地（初地以上）の階位に至った菩薩は、この世において、少しばかりの仏性を開くことができるといったのです。善男子よ、私はつねに、あらゆる生きとし生けるものは、すべて仏になる因子、その可能性としての仏性を宿している、と説いてきました。これは私自身の意趣によって語ったものです。

以上が、上に引用した経文の意味ですが、親鸞は、さらにそれらの引文を結んで、「しかれば如来の真説云々」（真聖全二、一四〇頁）と語っていますが、その文の意味するところは、釈迦仏の教説や伝統の祖師の解釈によれば、煩悩に覆われた私たちは、この現実の世界では、仏に成る可能性としての仏性を開顕することはできません。しかしながら、すでに上に見たように、『大般涅槃経』の「加葉品」によれば、私たちも、十地（初地以上）の地位に進めば、少しは仏性を開きあらわすことができる、と説かれています。すなわち、この現実においても、真実信心を開発して、初地、不退転地に住するならば、少分の仏性を開顕することができるというわけです。

親鸞は、仏性をめぐって、このように教説しているところです。ここで注目すべきことは、私たちは、この現実の世界では、仏性のすべてを開きあらわすことはできないが、その信心において、少しばかりは仏性を開顕できる、と明かされていることです。すなわち、親鸞によれば、私たちが真実信心をうるならば、少分ながらも、すでにこの身において、その仏性、仏の因種、その性質の一部を開顕することができるというのです。だからこそ、信心の人は、菩薩道の初地、不退転地にまでに至りうるわけで、それは仏の「さとり」の一部を身にうることであり、それゆえにこそ、信心の人を、「仏に成るべき身に成った人」だといいうると明かすのです。そして親鸞は、そのような信心を生きるならば、その必然として、信心の「しるし」（『末燈鈔』真聖全二、六八八頁）としての、新しい生き方が生まれてくると教示しているところです。

この点については、従来の伝統教学では、まったく無視されてきましたが、親鸞における重要な仏道領解として、充分に注目すべきところでありましょう。ただし、覚如、存覚、蓮如のいずれも、真宗信心における人格変容、人間成長についてはまったく語りません。親鸞におけるこのような教示はすべて否定します。かくして今日の伝統教学では、真宗信心にもとづく人間成熟や、信心の「しるし」を生きるなどということは、絶えて教えることはありません。かつて私が、真実信心を開くならば、人格変容が成立するという論文を発表したところ、西本願寺当局から招喚されて、お前の信心は自力である、信心によって人間が変るはずはないといって、徹底して弾劾されたことがあります。西本願寺の伝統教学では、信心とは、もっぱら死後における浄土往生の正因、キップだというだけです。これでは真宗念仏の教えが、現代のそれぞれの人生と社会生活の中で、さまざまな不安と困難をかかえて苦悩している多くの大衆に、確かに受容されるはずはなく、真宗教団がいっそう衰退していくのは、当然のことでありましょう。

そしてまた親鸞は、信心の利益として、死後当来には、「法性の常楽を証す」と明かします。親鸞はその『唯信鈔文意』において、

さとりをひらくときを法性のみやこへかへるとまうすなり。これを真如実相を証すともいふ、無為法身ともいふ、滅度にいたるともいふ、法性の常楽を証すともいふ。

（真聖全二、六二四頁）

といいます。この法性とは、仏道が目指すところの、究極の「さとり」の境地としての涅槃をいい、それはまた真如、実相、法身、滅度などともいわれるものです。またここでいう常楽とは、『大般涅槃経』などに説かれるもので、仏の「さとり」の世界、涅槃がもっているところの、四種の功徳としての常、楽、我、浄のことであり、仏の「さとり」、涅槃の境地に至れば、すべてが永劫に変ることがないから永遠（常）といい、またそこには一切の苦悩がないから安楽（楽）といい、そこではまったく自由自在で、他から拘束されることがないから真我（我）といい、また一切の煩悩が尽きて汚れることがないから清浄（浄）というといわれます。いまはその常、楽、我、浄の四徳をまとめて、「常楽」といったわけです。信心の人は、来世には、そういう功徳がえられるというのです。

親鸞は、上にもうしたように、私たちが、こうして究極の涅槃の境地に至り、仏果をうることを、「法性のみやこへかへる」というのですが、これには深い意趣があると思われます。私たちは、このたび初めて仏果を開くのですが、そのことを「かえる」というのです。もともと帰るとは、もといたところに行くことをいうもので、初めて行くことを帰るとはいいません。にもかかわらず、それをあえて帰るというのは、私たちが浄土に往生するということは、ひとえに阿弥陀仏に招かれ、待たれてこそ、行く世界であり、またその涅槃とは、この私が本来の在るべき私に成っていく世界、まことの在るべき自己を成就し、実現していく世界だからです。信心に生きるものは、やがて当来においては、そういう私の本来の在り方としての、涅槃、「さとり」をえて、仏と成ることができると明かすのです。

第十二章　源信和尚を讃える文

一　源信和尚の事蹟

源信和尚は、平安時代の初頭、天慶五（九四二）年に、奈良県北葛城郡の当麻《たいま》の里に生まれました。父は占部正親、母は清原氏の女と伝えています。一男四女の中の男子でした。多くの伝記が伝えるところでは、父は仏法に関心がなかったが、母はことに道心があって、その姉妹も信心深かったといいます。縁あって少年時代に出家して、比叡山横川の良源の弟子となったといいます。そののち、主として横川の首楞厳院や恵心院などに住して、天台教学を学び、また諸種の天台の行業を修めました。源信が十五歳のとき、宮中における講師を勤め、その褒賞の布地を故郷の母に届けたところ、母の厳しい叱正を蒙り、それを縁に遁棲したという話は、多くの伝記がこぞって伝えているところですが、いまひとつ明確ではありません。

その後、天延元（九七三）年、三十二歳にして広学竪義《こうがくりゅうぎ》の竪者《りっしゃ》に選ばれて、その学才が広く認められることとなり、また内供《ないぐ》も勤めたといわれます。このころになると源信は、学者としても、またさまざまな天台宗の儀式執行者としても、華やかに活動したようで、比叡山天台宗において不動の地位を築いたものと思われます。そして永観二（九八四）年、四十三歳にして『往生要集』の執筆をはじめ、その翌年の春に三巻を完成させました。かくしてこのころより隠遁の生活をはじめて、いっそう浄土願生の思念を深めていったものと思われます。寛和二（九八六）年、四十五歳の五月には『二十五三昧式』を著わし、それにもとづき臨終正念往生をめざして、毎月十五日の夕、夜を徹して念仏三昧を修めるという、二十五三昧会と呼ばれる念仏結社の集会をもちました。その結縁結衆の名簿である『二十五三昧根本結縁過去帳』によりますと、そこには僧俗あわせて百六十三名の名前が記録されています。当時の念仏信仰、その実践状況が、いかに真剣なものであったかがよくうかがわれるところです。

そして永延元（九八七）年、四十六歳にして西海に旅し、たまたま宋の国の商人と僧侶に面会して、『往生要集』を贈りましたが、その後にこの『往生要集』は、中国の仏教界において高く評価されることとなり、正暦元（九九〇）年、四十九歳のとき、宋の周文徳が来朝して、この『往生要集』が天台山国清寺に収められ、それを記念して多くの人人が浄財をあつめて廊屋を造り、供養礼拝し慶讃したことを伝えました（『往生要集』跋文参照）。また時の皇帝が廟堂を建立して源信の影像と『往生要集』を安置し、円通大師の大師号を諡って礼拝したとも伝えています。

そしてその後いっそう隠遁生活に徹し、もっぱら念仏三昧を修めるようになりました。そして六十四歳のときには、その首楞厳院の東南に花台院を建立し、丈六の阿弥陀仏像を安置して、多くの人人とともに念仏を修めることとなりました。そして七十歳を過ぎてからは老衰がすすんで、寛仁元（一〇一七）年六月一〇日に、阿弥陀仏像の左手からたらした紐をもって、念仏しつつ没したといいます。七十六歳の生涯でした。

源信の著作については、今日に編集されている『恵心僧都全集』によりますと、合計して八十一部百十二巻が収められていますが、その主なものは次のとおりです。仏教全体にかかわるものとしては、『因明論疏四相違略註釈』三巻、『大乗対倶舎抄』十四巻など。天台教学にかかわるものとしては、『一乗要決』三巻、『天台宗疑問』一巻、『六即詮要記』二巻など。浄土教にかかわるものとしては、『往生要集』三巻、『阿弥陀経略記』一巻などがあります。

源信の思想の基本的立場は、『法華経』を中核とする仏教理解にもとづき、インドの龍樹の般若教学と、中国の智顗の天台教学を継承するものでした。したがってそこでは、空仮中の三諦円融の論理を語り、またそれについての一心三観なる観法を学ぶことを根本の立場とします。そして自己自身の現在の一念の心中に、全世界の諸現象がおさまって縁起するという一念三千の思想、また地獄から仏界までが、相互に相依具有するという、十界互具の道理を知見していくという止観の道をめざして、現在の一念の心において、ただちに生死即涅槃、煩悩即菩提なる、生死迷妄を超えたところの「さとり」を体解していこうとするものでした。

そして源信における仏道の実践論については、その基本的な姿勢としては、そのような高級な仏道の完成をめざしながらも、また他面においては、あらゆる万人平等を視野に入れ、さらにはまた、自己自身の現実相を厳しく省みるかぎり、「予がごとき頑魯の者」（『往生要集』真聖全一、七二九頁）という立場からの、平易なる仏道の実践も要求されてくることでした。かくして源信は、本来的には天台教学に立ちつつも、その他方においては、恩師の良源や先達の空也、千観らに導かれて、悪人成仏をめざすところの浄土教に注目し、それに傾倒していくこととなりました。そしてその方向において生まれたものが、『往生要集』にほかならず、ここでは三諦円融、諸法実相の象徴としての阿弥陀仏を対象として、勝なる観想念仏、ないしは劣なる口称念仏を修し、その見仏体験をえて浄土に往生することをめざしたわけです。そして源信は、その晩年においては、もっぱら念仏行者としてすごしたわけで、「極重の悪人は他の方便なし、ただ仏を称念して極楽に生ずることをうる」（『往生要集』真聖全一、八八二頁）とは、源信の仏教領解の終局的な帰結でもあったわけでありましょう。

二　観想念仏と口称念仏

1　本文

源信広開一代教　　源信広く一代の教を開いて、
偏帰安養勧一切　　偏に安養に帰して一切を勧む。

2　語句解説

その「広く開く」とは、広く明らかにしたということです。「一代の教」とは、釈迦仏がその一代において開説した教法をいいます。「偏に帰す」とは、もっぱら帰依することです。「安養」とは、心と身を安らかに養う場所のことで、阿弥陀仏の浄土をいいます。「一切を勧む」とは、あらゆる人人に浄土の教えを勧めることをいいます。

3　法味領解

そこで源信は、その浄土往生の行道をどのように理解していたかということですが、その『往生要集』の内容は、全体を十章で組織し、はじめの第一、第二、第三の三章は、この私たちが流転輪廻するところの迷界の様相を明かして、ひとえに阿弥陀仏の浄土を願生すべきことを教示します。そして次の第四、第五、第六の三章は、この『往生要集』の中心をなす部分で、浄土往生の行業としての観想念仏、口称念仏行をめぐって詳細に論じます。そしてその後の第七章、第八章は、その念仏の行道の利益と証拠について述べ、第九章では、その観想念仏、口称念仏以外の行業によっても浄土に往生できるといい、第十章は、問答によってその全体を結んでおります。

かくして源信における浄土の行道思想については、ことにその第四章の正修念仏門、第五章の助念方法門、第六章の別時念仏門において明瞭です。そこでその第四章正修念仏門では、念仏行を修習する方法について、天親の『浄土論』が説くところの五念門行をうけて明かします。それは礼拝門、讃歎門、作願門、観察門、廻向門の五種の行ですが、それについては、ことに第三の作願門と第四の観察門が注目されます。その作願門においては、浄土願生の心念を決定するための菩提心の重要性が明かされます。そして次の第四の観察門とは、天台教学における止観の行に重層します。天台教学における観法については、仏や浄土などの具体的な事相を観念し、観想するという事観と、そのような現象の背後にあるところの、空、無我などの哲理、真理そのものを、ただちに観じていくという理観とがありますが、ここでいう観察とは、その事観としての阿弥陀仏の色相について観ずることをいいます。そしてここでは、その観法について、さらに詳しく分けて、別相観、総相観、雑略観の三種があるといい、その別相観とは、まず阿弥陀仏の華座を観じ、ついで阿弥陀仏の相好について、肉髻《にくけい》から耳、額、顔面、眼、鼻、唇など、四十二種にわたる別相について観想せよといいます。そして次の総相観では、そのようなさまざまなる阿弥陀仏の相好を統摂して、三身即一なる阿弥陀仏を観想することを明かすわけで、それは事観を超えたところの理観について明かしたものといいえましょう。

以上は、阿弥陀仏を対象とするところの別相観と総相観、事観と理観について明かしたものですが、源信はさらに雑略観を明かします。すなわち、ここでは上に明かしたところの高級な観想、観仏の道に対して、そのような仏道を修めえないもののために、さらに簡単な観法として、阿弥陀仏の眉間の白毫より発するところの光明に焦点を絞って、それについて観想せよといいます。そして源信は、ここでその阿弥陀仏の光明を解説して、

彼の一々の光明は、遍く十方世界を照らし念仏の衆生をば摂取して捨てたまわず。我

また彼の摂取の中にあれども、煩悩眼をさえて見たてまつるにあたわずといえども、大悲はものうきことなくしてつねに我身を照らしたまう。（『往生要集』真聖全一、八〇九頁）

と明かします。

そしてまた、さらにそのような「相好を観念するにたえざるもの」があるならば、

若し相好を観念するに堪えざるものあらば、あるいは帰命の想により、あるいは引摂の想により、あるいは往生の想によって、まさに一心に称念すべし。（中略）行住坐《ぎょうじゅうざ》臥《が》、語黙作作に、つねにこの念をもって胸の中におくこと、飢えて食を念うがごとく、渇して水を追うがごとくせよ。あるいは頭をたれあるいは手をあげ、あるいは声をあげ名を称え、外儀は異なりといえども心念は常に存せよ。念念に相続して寤寐《ごび》に忘ることなかれ。（『往生要集』真聖全一、八〇九頁）

と明かし、もっぱら称名念仏せよといいます。ここでは観想にたえないものは称名せよといいますが、とすれば、源信においては、この観想念仏と口称念仏、観念と称念との関係はどのように考えられていたのでしょうか。それについて源信は、その仏の名号をめぐっては、『往生要集』や『観心略要集』などによりますと、阿弥陀の三字の中に、三諦、三身、三宝、三般若などの一切の法門、功徳が摂められているところ、この名号を唱称すれ

ば、その功徳を、すべてわが身に領備することができると明かしております。かくして、その名号を称するならば、多くの功徳を身にうるというわけで、この功徳のゆえに、称名すれば、観想の行と同じ結果がもたらされて、浄土往生の行業となるというわけです。したがって、観仏にたえないものは称名せよと教示しますが、その称名行は、なお広くは観念、観仏の行に属するものにほかなりませんでした。そのことについては、その雑略観を明かすについて、その観念にたえないものは称名せよと説いたあとに、割註して「已上意楽不同の故に種種の観を明かす」（真聖全一、八〇九頁）というところからすると、この称名行の主張も、本質的には、観念、観想の行業と理解していたことが明瞭です。

そして次の第五章の助念方法門においては、その観想、念仏行を修習するについて、「方術をもって観念を助けて往生の大事を成ず」といい、七種の方法を用いて、その行業を成就させるべきことを明かします。そしてその総結要行において、以上明かすところの助念方法を要約して、大菩提心、護三業、深信、至誠、常念仏の五事が肝要であるというわけですが、そのことは、基本的には、『摂大乗論釈』（真諦訳）などが説くところの、長時修、慇重修、無間修、無余修なる四修と、『観無量寿経』が説くところの、至誠心、深心、廻向発願心の三心を根本とするもので、そのような方法にもとづいて、正しく観想念仏ないし口称念仏を行ずるならば、尋常と臨終のいずれにおいても、確かに三昧見仏をえて、浄土に往生することができるというわけです。そしてその第九章の往生諸行門においては、浄土に往生する行道として、上に見た観想念仏、口称念仏の行のほかに、諸種の行業を明かしますが、それを要約していえば、『観無量寿経』に説く十六観のような修観往生の道と、同じく『観無量寿経』に説く世福、戒福、行福なる三福業のような修業往生の道と、同じく『観無量寿経』に説く至誠心、深心、廻向発願心なる三心の修心往生の道と、そのほか浄土の教説を聞法して、それに深く帰依し信順するという、帰向往生の道などがあると明かしています。

かくして、源信における浄土往生の行道とは、基本的には観想往生の道として、それは別相観、総相観、白毫観としての仏身観察の道でした。しかしながら、そのような観想念仏にたえないものに対しては、一心称名の道もあることを明かしますが、それも本質的には観察、観念の行に属するものでした。そしてその行道の内実としては、菩提心を前提として、よく三業を護るところ、すなわち、至誠心、深心、廻向発願心の三心にもとづき、長時修、慇重修、無間修、無余修なる四修によって、常不断に観想念仏ないしは称名念仏を相続していくことにより、ついには三昧見仏の体験をえて、浄土に往生する道をいうものでした。そしてまた源信は、それ以外にも、上に見たように、修観往生の道、修業往生の道、修心往生の道、帰向往生の道も明かしております。その点、源信における浄土往生の道とは、かなりの幅広い多重な行道を語っているところであります。

三　専修と雑修の判定

1　本　文

専雑執心判浅深　　専雑の執心浅深を判して、

2　語句解説

「専雑」とは、専修と雑修のことで、専修とは、称名念仏一行だけを修めることをいい、雑修とは、称名念仏とそれ以外の雑行をあわせて修めることをいいます。「執心」とは、執は一事を守り保つことで、ここでは信心のことをいいます。「浅深を判ず」とは、信心が浅いことと深いこと、その正邪を判定することをいいます。

3　法味領解

親鸞がここで、「専雑の執心浅深を判じて、報化二土正しく弁立せり」というのは、源信の『往生要集』に、浄土について、「報の浄土」と「化の浄土」（真聖全一、八九八頁）とを分け、行業を専修して、信心の堅固のものは報の浄土に往生するが、行業を雑修して、信心の不堅固なものは化の浄土に往生すると、明かすものによるわけです。この報の浄土と化の浄土とは、また報土と化土ともいわれますが、このような考え方は、もと『菩薩処胎経』に説かれ、また『無量寿経』にも見られるものです。すなわち、親鸞は、その『教行証文類』の「化身土文類」において、源信の『往生要集』の第十章問答料簡門、報化得失の文を引用して、その化土往生をめぐって次のように教示します。その文は次のとおりです。

首楞厳院の『要集』に、感禅師の釈を引きていわく、「問う。『菩薩処胎経』の第二に説かく、西方この閻浮提を去ること十二億那由他に懈慢界あり。（乃至）意を発せる衆生、阿弥陀仏国に生ぜんと欲うもの、みな深く懈慢国土に着して、前進んで阿弥陀仏国に生ずることあたわず。億千万の衆、時に一人ありて、よく阿弥陀仏国に生ずと云云。この『経』をもって准難するに、生ずることを得べしやと。答う。『群疑論』に善導和尚の前の文を引きて、この難を釈して、またみずから助成していわく、この『経』の下の文にいわく、なにをもってのゆえに、みな懈慢によりて執心牢固ならずと。ここに知んぬ、雑修のものは執心不牢の人とす。ゆえに懈慢国に生ず。もし雑修せずして、もっぱらこの業を行ぜば、これすなわち執心牢固にして、さだめて極楽国に生ぜん。（乃至）また報の浄土に生ずるものはきわめて少なし。化の浄土の中に生ずるものは少なからず。ゆえに『経』の別説、実に相違せざるなり」と。已上略抄。（真聖全一、一四六～一四七頁）

この文のおよその意味は次のとおりです。『往生要集』に、懐感禅師の『釈浄土群疑論』の文を引いて、問うていいます。『菩薩処胎経』の第二巻に、この人間界から浄土に向かうきわめて遠いところに、懈慢界という世界があります。（中略）阿弥陀仏の浄土に往生したいと願うものの多くは、その途中にあるこの懈慢界に止まって、さらに前進して阿弥陀仏の浄土に生まれることができません。億千万という多くの人の中で、まれに一人だけ、それを超えて阿弥陀仏の浄土に生まれるものがいると説かれています。そこでこの『菩薩処胎経』によって考えるならば、私たちは確かに、阿弥陀仏の浄土に往生することができるのでしょうか。答えていいます。その『釈浄土群疑論』には、善導和尚の『往生礼讃』の文を引いてその疑問に答え、また懐感自身もそれについて解釈し、この『菩薩処胎経』の次の文に、信心が堅固でないから懈慢界に止まるのであると説かれています。かくしてさまざまな行業を修める雑修のものは、信心が清浄堅固になることがありませんから、懈慢界に生まれることとなります。もしも自力諸善なる雑修をやめて、ひとえに念仏の行を専修するならば、その人の信心は清浄堅固となって、かならず浄土に往生することができるでしょう。（中略）また阿弥陀仏の真実の報土に往生するものはきわめてまれであり、あやまって化土に往生するものはまことに多いことです。その意味において、『菩薩処胎経』の教説と、『無量寿経』に説かれる疑城胎宮、化土往生の教説とは、決して相違するものではありません。

以上がその文のおよその意味ですが、ここでは浄土往生をめぐって、専修と雑修の道があることを明かし、専修のものは真実の浄土（報土）に往生できるが、雑修のものは、その途上の懈慢界（化土）に止まって、往生することができないと教示しております。すなわち、ひとえに念仏を専修して信心まことの人は、真実の浄土、報土に往生してただちに成仏することができるが、念仏を専修しながらも、なお信心が浅くて不決定の人、または雑行雑修にして信心不徹底の人、すなわち、本願疑惑の人は、方便の浄土、化土に往生して、長く成仏することができないというわけです。

親鸞は、ここで称名念仏行をめぐって、専修と雑修について明かし、またそれにもとづくところの、信心の浅心と深心、正しい真実の信心とあやまった虚仮なる信心について、明確に分判しているところです。

四　報土往生と化土往生

1　本　文

報化二土正弁立　　報化二土正しく弁立せり。

2　語句解説

この「報化二土」とは、報土と化土のことで、本願に報いて成立したまことの浄土なる報土と、真実の浄土に導くために、仮に化現した浄土なる化土をいいます。「弁立」とは、まさしく判別して教示することをいいます。

3　法味領解

そこでその報土と化土についていささか説明いたしましょう。親鸞の『愚禿鈔』によれば、

土について四種あり。一に法身の土、二に報身の土、三に応身の土、四に化身の土な

り。（真聖全二、四五八頁）

と説きます。そして親鸞は、その化土についてさまざまに明かしますが、『愚禿鈔』では、

弥陀の化土について二種あり。一に疑城胎宮、二に懈慢辺地。（真聖全二、四五八頁）

と語るように、それは疑城胎宮、懈慢辺地といわれる世界だといいます。その疑城胎宮とは、その疑城とは、宋暁の『楽邦文類』に『守護国界主経』にいわくとして、

この人疑情いまだ断ぜずして、疑城に生じて五百歳楽を受け、再び信願を修してまさに浄土に帰す。（大正四七、一六一頁）

とあるところよりいい、胎宮とは、『無量寿経』に、

このもろもろの衆生、彼の宮殿に生まれて寿五百歳、つねに仏を見たてまつらず、経法を聞かず、菩薩、声聞、聖衆を見ず、このゆえにかの国土において、これを胎生という。（真聖全一、四三頁）

と説かれるところの、胎生と宮殿の語によって、親鸞が造語したものと思われます。もともと浄土に往生するとは、「正覚の華より化生する」（『浄土論』）と説き、また「蓮華化生」（『往生要集大綱』）と明かされるように、浄土の蓮華の台《うてな》の上に生まれることを意味しますが、善導はそのことにかかわって、化土に往生するとは、「含華未出」、すなわち「往生をうといえども華に含まれていまだいでず」（「定善義」真聖全一、五〇八頁）といって、浄土の

蓮華の中に生まれても、その花弁が開くことなく、阿弥陀仏を見ることもできず、浄土の功徳を身にうることができないというのです。疑城胎宮とは、そのことを意味するわけでしょう。

そしていまひとつの懈慢辺地とは、その懈慢とは、もとは『菩薩処胎経』（『菩薩従兜術天降神母胎説普経』）に、

西方この閻浮提を去ること十二億那由他に懈慢界あり、（中略）阿弥陀仏国に生まれんと欲うもの、みな懈慢国土に染著して、前進して阿弥陀仏国に生ずることあたわず。

（大正一二、一〇二八頁）

と説き、またそれをうけて、懐感の『釈浄土群疑論』には、

雑修のものは執心不牢の人となす。ゆえに懈慢国に生ずるなり。（大正四七、五〇頁）

と明かしています。かくして懈慢とは、懈も慢も、ともに怠りなまけることをいい、そういう誤った信心のものが、趣入する国土をいうわけです。またその辺地とは、『無量寿経』には、

疑惑し中悔して自ら過咎をなして、かの辺地七宝の宮殿に生じ、五百歳の中、もろもろの厄をうくることをうることなし。（真聖全一、三五頁）

と説きます。浄土の辺域、辺涯を意味するわけです。かくして懈慢辺地とは、懈怠のものの

の国、浄土の辺境を意味して、阿弥陀仏の教法を学びながらも、疑惑の心が強いところから、せっかく浄土に趣入しながらも、阿弥陀仏に遇うことができず、その浄土の功徳を身に受けることができないことをあらわしており、上に見た疑城胎宮と同じ内容を意味して、ここで疑城胎宮といい、懈慢辺地というも、ともに同じ化土について語ったものにほかなりません。

しかし、親鸞においては、

仮の仏土の業因千差なれば、土もまた千差なるべし。これを方便化身・化土と名づく。

（「真仏土文類」真聖全二、一四一頁）

と明かすように、第十九願仮門なる諸行修習の人、第二十願真門なる自力念仏の人は、いずれも阿弥陀仏の教法を学びながらも、一人ひとりが、なおも自己の心に執着し、我執を捨てきれないままに、その行業を修めるところ、その浄土に往生するとしても、その業因は千差万別となりますので、その自執の心に応じて、無量なる万別の化土が化現してくるというわけです。

なお〈無量寿経〉においても、この化土往生について語るところです。すなわち、その〈初期無量寿経〉について見ますと、その中でもっとも初期のものと思われる『大阿弥陀経』によりますと、その本願文に明かされる行道とは、第五願の不善作悪者の道と、第六願の一般在家者の道と、第七願の出家者の道の三種の道で、その三願の行道に対応して、上輩の道（出家者の道）、中輩の道（一般在家者の道）、下輩の道（不善作悪者の道）の三輩の道が説かれており、その中輩の道と下輩の道について、それぞれの善根を修めながらも、もしも心の中に疑惑を抱いて、猶予するならば、その人は、浄土の辺界の七宝城（化土）に往生するも、阿弥陀仏を見ることができず、五百年を過ぎて、阿弥陀仏のもとに至ることができると説いております。

そして〈後期無量寿経〉については、『無量寿経』と『如来会』と『サンスクリット本』の三本がありますが、その『無量寿経』と『如来会』によりますと、そこにも三輩者の行道の文が明かされ、その内容は三願の行道によく重なりますが、化土往生についてはまったく語りません。しかしそのかわりに、この経典の末尾において、疑惑の心をもって行道を修めるものは、化土に往生（胎生）して大利を失い、真実信心のものは、浄土の蓮華の中に往生（化生）して、種々の功徳を成就することができるといいます。そして化土往生のものは、五百年の後に、そこから脱離して、阿弥陀仏を見ることができるといいます。すなわち、化土への往生を胎生といい、真実浄土への往生を化生といって、信疑の得失について分判するわけです。

ところで、同じ〈後期無量寿経〉の『サンスクリット本』によりますと、それは〈無量寿経〉の中では、もっとも後に成立したものと考えられますが、そこでは疑惑の心をおこすものは、蓮華の内奥にとどまり（胎生）、疑惑の心をもたないものは、「蓮華の中に結跏趺坐する」（化生）と説かれております。そして胎生のものは、五百年の間、仏を見ることも、法を聞くこともできないといいます。かくして、〈後期無量寿経〉では、その経末において、信心と疑惑、化土と真土、胎生と化生とを分判し、その利益の得失を説いて、真実の信心を勧めているところです。

このように浄土教、〈無量寿経〉の仏道においては、すでに初期の時点から化土の思想が見られますが、このような化土往生が語られることとなった根拠、その理由は何であったのか、ただいまの私にはわかりかねますが、それについてひそかに愚考しますことは、『大智度論』（大正二五、一三二頁）などに説かれるところの、大乗仏教の菩薩道において、鈍根怯弱なる菩薩は、七地沈空の難に転落するということに、重なる発想ではないかということです。そしてそれと同じように、浄土往生の仏道において、その行業懈怠にしていまだ信智をえず、疑惑の深いものに対して、厳しい教誡として生まれたものではなかろうかと、ひそかに推測するところであります。

なおまた親鸞は、上に見たように、『菩薩処胎経』が説くところの懈慢界と、〈無量寿経〉が説くところの化土を、そのまま重ねて捉えていますが、この『菩薩処胎経』は、姚秦の竺仏念によって、五世紀の初頭に漢訳された経典で、かなり早い時期に成立したものと考えられますが、この懈慢界の思想と、〈無量寿経〉の化土の思想は、いかなる関係にあるものか、現在のところでは明確には分かりかねるところです。

なおこのほかに、『観無量寿経』における九品往生の教説によりますと、生前に十悪を犯したところの下品上生のものも、臨終において善知識に導かれて称名念仏するならば、浄土の蓮華の中に往生し、四十九日の後にその蓮華が開くといいます。またさまざまな破戒の罪を犯した下品中生のものも、臨終に善知識に導かれて聞法するならば、浄土の蓮華の中に往生し、六劫の後にその蓮華が開くといいます。また五逆と十悪の重罪を犯したものも、臨終に善知識に導かれて十念を具足して称名するならば、浄土の蓮華の中に往生し、十二大劫の後にその蓮華が開くといいます。これらはいずれも、その化土往生を、罪悪の軽重にもとづいて区別して説いたものです。その点、この下品の化土往生思想と、〈無量寿経〉の化土往生思想とは、その往生の原因について、罪悪の軽重と疑惑の心の相違があるところ、ただちに同系統のものとはいえず、多分にこの〈無量寿経〉の化土往生思想の延長線上において、別の発想を加味しつつ生まれたものと思われます。

いずれにしても、この化土の思想は、仏法求道の厳しさをめぐって教誡したものと思われます。そして親鸞の立場からすれば、化土について、経典はいろいろと説いているとしても、その浄土が「無量光明土」(「真仏土文類」真聖全二、一二〇頁)と捉えられるところからすれば、その中に、懈慢辺地、疑城胎宮なるものが、実体的に存在する余地はなくて、化土とは、第十九願と第二十願の因道に対応する果報を、象徴的に表現したものであって、それは明らかに、方便的に仮説された教法であると、領解すべきでありましょう。

五　不断常照の光明

1　本　文

極重悪人唯称仏　　極重の悪人はただ仏を称すべし。
我亦在彼摂取中　　我また彼の摂取の中にあれども、
煩悩障眼雖不見　　煩悩眼を障えて見えずといえども、
大悲無倦常照我　　大悲ものうきことなく常に我を照したまうといえり。

2　語句解説

「極重悪人」とは、もっとも罪の深い悪人のことです。「唯仏を称す」とは、ひとえに称名念仏をすることです。「摂取の中」とは、阿弥陀仏の救いの光明の中に生きることをいいます。「煩悩」とは、心と身を悩ます心の働きをいいます。「眼を障える」とは、煩悩によって仏を見る眼がさえぎられることをいいます。「大悲」とは、阿弥陀仏の偉大な慈悲の働きをいいます。「倦きことなく」とは、休むことがないことをいいます。

3　法味領解

この文章は、『往生要集』の、

我また彼の摂取の中に在れども煩悩眼を障えて見たてまつるにあたわずと雖も、大悲倦きことなくして、常に我が身を照らしたまう。（真聖全一、八〇九頁）

という文にもとづいて作られたものです。「といえり」と明かすゆえんです。親鸞はまた、この文について、『高僧和讃』に、

煩悩にまなこさへられて　摂取の光明みざれども
大悲ものうきことなくて　つねにわが身をてらすなり（真聖全二、五一二頁）

とも明かしております。

この文は、煩悩に心の眼がさえぎられて、仏を見ることができないといいながら、しかもなお仏はつねに私を照らしているといっているわけで、見えないといいながら、ちゃん

と見えているからこそ、そういいえたわけであります。信心の智慧をうるということは、そういうことであります。信心をうるならば、自分自身がまったく見えていないこと、気づいていないことに、深く気づかされ、そのことが見えてくるようになるのです。そしてそれと同時に、今まで見えなかったこと、気づかなかったことが、いろいろと明瞭に見えてくる、気づかされてくるようになるのです。信心が智慧といわれ、それについて親鸞が、

信ずる心のいでくるは智慧のおこるとしるべし。（『正像末和讃』左訓、親鸞全集、和讃篇一四五頁）

と明かすゆえんでもあります。

この文意をめぐる伝統教学における理解では、凡夫の知見をもってしては如来の大悲は見えないけれども、仏の知見からすれば、その大悲は無倦に照しているのだといって、凡夫の知見と如来の知見の二つの立場、私と仏の主客二元論の立場から解釈いたします。しかしながら、ここで仏の知見からいえばといいますが、どうして私たちが、仏の知見についてわかるのか、それもまた、しょせん凡夫の知見でしかないでしょう。いまの源信の天台教学の立場は、明らかに大乗仏教、生仏一元論に立つものであって、凡夫の知見と如来の知見という二つの立場を分別するものではありません。

かくしてここでいうところの、阿弥陀仏の大悲は見えないけれども見えるという文章は、

その文意の指示するとおりに、私の日日の生活の中では、阿弥陀仏の大悲は見えず、それを忘れたままの世俗埋没の生活を繰りかえしているが、実はそのままに、阿弥陀仏の大悲のただ中にこそ生かされているのだという、そういう暗と明、機と法のまったく絶対矛盾的自己同一なる信知体験の内実について、表白したものにほかならないわけです。すなわち、大悲が見えないということ、それに叛いて生きているということは、大悲に出遇い、大悲に照破され、照明されてこそ、はじめて知られてくることであって、大悲に出遇わないかぎり、大悲が見えないということはいいえないことです。大悲に照破、照明されているからこそ、大悲が見えないといいうるわけであって、大悲が見えないということと、いま現に、大悲に照らされ、それに包まれて大悲が見えているということは、いま確かに大悲に出遇い、その大悲に包摂されて生きているという宗教的事実、それについての信知体験の内実について表白したものにほかなりません。かくしてこの文章は、源信が学んだところの天台教学の基本的立場としての、煩悩即菩提、生死即涅槃なる知見、機と法の二種一具なる主客一元論的な、信知体験、その「さとり」の自己表現にほかならないことを思うべきであります。

しかもまた親鸞は、この「つね」という語について、「常」の字と「恒」の字とを区分して、『一念多念文意』に、「常」の字を釈して、常といふは、つねなること、ひまなかれといふこころなり、ときとしてたえず、ところとしてへだてずきらはぬを、常といふなり。（真聖全二、六〇四頁）

といい、また「恒」については、

たえぬこころなり、おりにしたがふて、ときどきもねがへといふなり。（真聖全二、六〇四頁）

と明かしています。常とは、途中で断絶することなく不断に続くことをいい、恒とは、縁にふれて時時に起こることをいうというわけです。このことからすると、仏の私に対する働きかけについては、いつもこの「常」の字をもって明かされ、私の仏に対する憶念の心については、「恒」が用いられなければなりません。

いま「大悲無倦常照我」とは、まさしくこの私に対する、仏の不断なる働きかけをあらわすものであります。

第十三章　源空上人を讃える文

一　源空上人の事蹟

源空上人の生涯をめぐっては、その伝記が数多く伝えられて、その真偽の弁別も困難であり、いまはそのおよそをうかがうほかはありません。源空は、平安時代の末期、長承二（一一三三）年に、岡山県久米郡の稲岡の庄に、押領使《おうりょうし》の漆間《うるま》時国《ときくに》の子として誕生しました。しかしまもなく、この時国が争いによって殺害されて孤児となり、やがて出家して比叡山に登りました。はじめは源光につきましたが、さらに皇円に従ったといいます。そして後には遁世して黒谷の叡空の弟子となり、それを契機として、法然房源空と名のることとなりました。この黒谷は、もともと遁世して念仏するものの別所として、源信がはじめた二十五三昧会を伝統していました。その中心の指導者の一人が叡空であったわけで、源空が、この黒谷に移ったということは、源信の浄土教に傾倒していったということでありました。

そして源空は、二十四歳の年に、京都嵯峨の釈迦堂に参籠し、出離の道を求めて祈請し、さらには奈良におもむいて、諸寺を歴訪しましたが、そこで奈良の浄土教、永観、珍海、実範らの教学にふれたであろうと思われます。この奈良の浄土教は、比叡山の源信浄土教とは異なって、中国の善導系の浄土教が主流をなすもので、源空と善導の関係は、この奈良への遊学にもとづいて生まれたと考えられます。その後源空は、再び黒谷に帰って修学を続けていましたが、承安五（一一七五）年、源空四十三歳の年、善導の『観無量寿経疏』を読んで、その中の一節の、

一心に弥陀の名号を専念して、行住坐臥、時節の久近を問わず、念念に捨てざるは、これを正定の業と名づく。かの仏願に順ずるが故に。（真聖全一、五三八頁）

という文に出遇い、仏道に開眼したといいます。求め続けていた仏道の真髄を、ここにしてまさしく体解することができたということです。そのことについては、源空自ら、その『選択本願念仏集』の結勧において、

是れにおいて貧道、昔この典を披閲してほぼ素意を識り、たちどころに余行をすてててここに念仏に帰しぬ。それよりこのかた今日に至るまで、自行化他ただ念仏を縡《こと》とす。（真聖全一、九九三頁）

と記録しています。源信の浄土教、そしてそれを継承した叡空らの浄土教は、いずれも念仏行とともに、その他の行業を認めるものであり、ことに天台教学における止観の行は、その称名念仏と並修されていたわけです。その点、源空が善導の浄土教に帰したということは、天台系の浄土教から明確に訣別したということでありました。

ただし、近年においては、源空のまことの廻心、善導浄土教帰入の時期は、それよりももっと後年のことであろうという見解が主張されています。そのことは、源空は、浄土教に帰入しながらも、他方においては、その晩年の元久元（一二〇四）年、七十二歳にして作成された「送山門起請文」には、「叡山黒谷沙門源空敬白」と書き、またその内容においても、

浄土をねがふ輩、豈妙法を捨んや。就中、源空念仏の余暇に当て天台の教釈を開て、信心を玉泉の流にこらし、渇仰を銀池の風にいたす、旧執なお存す。本心何忘ん。（法然全集、七九六～七九七頁）

などといって、浄土念仏に帰依して浄土を願生しているが、また他面においては、天台の教法を捨ててはいない、念仏を称える余暇には、天台教学を学んで、それを渇仰している、「旧執なお存す。本心何忘ん」とまで語っているところです。このことからすると、源空は浄土教に帰依したけれども、なお天台教学とその行業は捨ててはいないということで

しょう。たしかに、源空は、その生涯にわたって、持戒堅固な清僧としてふるまい、多くの人人に授戒し、病気平癒を祈るなど、さまざまな天台僧としての行儀を修めているところでもあります。かくして源空は、一面では専修念仏の行者として、日課数万遍の称名念仏を行じながらも、また他面においては、終生にわたって天台教団に所属する天台沙門でもあったわけであり、ここに源空の思想的限界があり、またその生き方の基本があったと思われます。

そして源空はその後に、黒谷を離れて京都の西山の広谷に住みましたが、さらに転じて京都の東山の大谷吉水《よしみず》に移住しました。そしてまた源空は、建久九(一一九八)年、六十六歳にして、九条兼実の請いによって、浄土念仏の要義をまとめて『選択本願念仏集』二巻を著わしました。ここでは専修念仏の主張が貫かれており、またその必然として、聖道教の諸宗に対する徹底的な批判論が展開されております。その点、この『選択本願念仏集』は、やがて日本仏教界に重大な問題を提起することとなったわけです。

そして元久元(一二〇四)年、源空七十四歳のとき、比叡山の衆徒が決起して、専修念仏を禁止するように天台座主に訴えることがあり、源空は七か条の制戒を約して、門弟ら計百九十名が署名して座主に呈出いたしました。しかしながら、さらに翌年の元久二(一二〇五)年には、奈良の興福寺の衆徒らが、改めて念仏禁制を訴えることがありました。

いわゆる「興福寺奏状」といわれるものです。ここでは専修念仏をめぐる過失を九か条あげて、源空の念仏教団を解散、処分するように申し入れております。かくして建永二（一二〇七）年に念仏弾圧がおこなわれて、源空は七十五歳にして、土佐（のちに讃岐に変更）に流罪が決定しました。そしてまた親鸞も、越後に流罪となりました。そののち源空は、建暦元（一二一一）年一一月に、帰洛が赦されて京都に帰ってきましたが、その翌年一月二五日に、八十歳にして大谷の地で往生しました。

源空の著作については、その門弟の長西の記録によれば、『無量寿経釈』一巻、『観無量寿経釈』一巻、『阿弥陀経釈』一巻、『阿弥陀経懺法』一巻、『往生要集料簡』一巻、『浄土初学抄』一巻、『選択念仏集』一巻、『浄土五祖伝』一巻という八部があったといいます。そして法然の滅後四十五年の、康元元（一二五六）年から二年にかけて、親鸞が編集、書写した『西方指南抄』三巻には、その遺文二十八篇が収められており、またその滅後六十二年の文永一一（一二七四）年に、道光了恵が集録した『漢語燈録』十巻、『和語燈録』五巻、『拾遺語燈録』三巻には、著述、法語、消息などの五十五篇が収められております。

二　専修念仏の主張

1　本　文

本師源空明仏教　　本師源空は仏教に明らかにして、
憐愍善悪凡夫人　　善悪の凡夫人を憐愍せしむ。
真宗教証興片州　　真宗の教証片州に興す。

2　語句解説

「本師」とは、浄土真宗の祖師を意味します。「仏教に明らか」とは、仏教の教義すべてに精通することをいいます。「凡夫人」とは、平凡な人のことで私たちをいいます。「憐愍」とは、あわれみ、いつくしむことです。「真宗」とは、浄土真宗の教法のことです。「教証」とは、教法とそれにもとづく証果、利益をいいます。「片州」とは、辺境の国土のことで東海の小国である日本をいいます。

3　法味領解

源空における浄土教とは、すでに見たように、源信および善導の浄土教をうけて、もっぱら称名行を修めるところの称名念仏の道でしたが、そのような意趣は、『選択本願念仏集』の三選の文に明瞭です。すなわち、

おもんみるに、それ速やかに生死を離れんと欲わば、二種の勝法の中に、しばらく聖道門を閣《さしお》きて、選びて浄土門に入れ。浄土門に入らんと欲わば、正・雑二行の中に、しばらく諸の雑行を抛《なげう》ちて、選びて正行に帰すべし。正行を修せんと欲わば、正・助二業の中に、なお助業を傍《かたわら》にして、選びて正定を専らにすべし。正定の業とは、即ちこれ仏の名を称するなり。称名は必ず生を得、仏の本願に依るが故に。（真聖全一、九九〇頁）

と明かすものです。はじめに「聖道門を閣きて、選びて浄土門に入れ」とは、『選択本願念仏集』の二門章に明かされるところの主張であって、仏道を求めるについては、まず聖道教を棄ててひとえに浄土教に帰すべきであるというわけです。次に「雑行を抛ちて、選びて正行に帰すべし」とは、その二行章に示される主張であって、浄土教に帰するについては、諸仏諸菩薩にかかわる行業や、布施、持戒などの諸種の善根を修習することを廃し

て、ひとえに阿弥陀仏にかかわる読誦、観察、礼拝、称名、讃歎供養の五正行を修めるべきことを明かします。そして次の「助業を傍にして、選びて正定を専らにすべし」とは、同じく二行章に明かされる主張であって、その五正行を修めるについても、なおその中の読誦、観察、礼拝、讃歎供養の前三後一の行を傍にして、もっぱら称名の一行を修めるべきであるといいます。そしてこの称名念仏行こそは、阿弥陀仏の本願において、浄土往生の唯一の行業として選択摂取されたものであって、それはまさしく仏の本願に順じ、仏の願力によって支持され、進趣せしめられるところの正定の業であり、私たちはこの称名の行を修めることによってこそ、必ず浄土に往生をうることができるというのです。かくしてここには、源空における専修念仏の論理構造が明確に示されており、源空における浄土往生の行道とは、ひとえにこの仏の本願に順ずる行道として、専修なる称名念仏の道であったわけであります。

しかしながら、ここで問題になるのは、ここでいう三種の選択にかかわる「且閣（しばらくさしおき）」、「且抛（しばらくなげうち）」、「猶傍（なおかたわらにす）」という言葉の内実です。その「且閣」とは、「且」、しばらくとは、未定にして投げ捨てて、さしおくことをいい、しばらくの間、さしおく、やめるということで、ここで聖道教をさしおくといっても、それは決定的な排除を意味するものではありません。また「且抛」とは、これも少しの間、しばらくの間、投げ捨てるということで、ここで雑行を捨てるといっても、それは決定的な投棄の意味ではありません。そしてまた「猶傍」とは、「猶」、なおとは、疑惑して容易に決せず、ためらうことで、疑惑し、ためらって明確でないままに、本筋からはずすということで、ここで助業をはずすといっても、それは決定的な疎外の意味をもつものではありません。かくして、源空が、この三選の文において、聖道教と雑行と助業とを、排除し否定するかのように明かしていますが、それらの言葉を厳密に検討するかぎり、そのことは決定的な意味をもつものではなくて、それらはやがて後には、再び肯定され、承認される可能性を含んでいることが知られるわけです。そのことは、すでに上においてもふれたように、源空自身の生き方において、善導の示教によって浄土教に帰し、専修念仏の道を修めながらも、他面においては、その生涯を通じて持戒堅固なる身をたもちつつ、天台宗僧侶としての行儀を貫いたこと、あるいはまた、その晩年、元久元（一二〇四）年、七十二歳のときに書いたという「送山門起請文」には、「叡山黒谷沙門源空敬白」と記して、「念仏の余暇に当て天台の教釈を開て」「旧執なお存す。本心何忘ん」などと語るところにも、明瞭にうかがい知られるところであります。そしてまた、すでに上において見たように、源空の没後にその跡を継いだ、証空の西山浄土宗、弁長の鎮西浄土宗のいずれもが、当時の南都北嶺の聖道教の圧力に屈して、念仏以外の諸行を、往生の行業として是認することになったのも、このような源空における、専修思想の不徹底性に基因するともいいえましょう。

その点、源空における専修念仏という思想を理解するにあたっては、充分なる注意が必要であります。

このような源空における念仏一行を選びとるという専修念仏の思想は、それがなお充分に決定的なものではなかったとしても、それは日本仏教の歴史の流れの中では、際立った特徴をもつものでありました。かつての奈良時代、平安時代の仏教は、おしなべていえば、国家仏教として、時の政治権力に寄りそい、その体制にくみして、世俗の中に埋没しながら展開してきました。またその仏教は、個人的には、日本古来の神道、民俗宗教と重なりながら、現世祈禱と死者追善を中心とする呪術的儀礼に転落していました。またそれらの仏教では、仏道の理解において、諸種の行業を並修するということがなされ、まさしく雑修的な性格をもつものでした。ところが、源空が主張したところの専修念仏の思想は、そういう旧来の世俗的、呪術的、雑修的な仏教の在り方を厳しく批判しながら、その本来の目標である、人間一人ひとりの成仏、まことの人間としての自己実現、人間成長をめざすものであったのです。

そして、このような源空における専修の思想、選びの論理をさきがけとして生まれたものが、親鸞における「唯以信心」の主張であり、道元（一二〇〇〜一二五三）の「只管打坐《しかんたざ》」の主張であり、また一遍（一二三九〜一二八九）の「独一名号」の主張でした。ここでいう「専」とか、「唯」とか、「只管（ひたすら）」とか、「独一」という言葉は、いずれも「ただこのことひとつ」という選びの思想を標示するものであって、ここに鎌倉時代に生成してきた、新しい日本仏教の基本の性格があるわけです。そしてこの鎌倉仏教においてこそ、釈迦仏が明らかにしたところの、人間が仏に成っていくという、本来の仏教、まことの人間成就の道が、もっとも鮮明に開顕されたところであり、源空の専修念仏の思想は、その先駆的な役割をはたしたといいえましょう。

三　心行相応の道

1　本　文

選択本願弘悪世　　選択本願悪世に弘む。

2　語句解説

その「選択本願」とは、阿弥陀仏が、私たちの往生成仏の道として選んでたてられた、根本の誓願をいいます。「悪世」とは、乱れて濁った世界、時代をいいます。

3　法味領解

ところで、上においていろいろと考察した専修念仏の行道とは、より具体的には、いかなる内容をもつものであったのでしょうか。それについては、源空は、

浄土に生ぜんとおもはば心と行との相応すべきなり。（『往生大要鈔』真聖全四、五六九頁）

浄土に往生せんとおもはん人は安心起行と申て心と行との相応すべき也。（『御消息』真聖全四、七五〇頁）

と明かしておりますが、それは善導浄土教をうけて、心行相応の道、安心起行の道、さらには安心、起行、作業の道と領解しているわけです。

その安心とは、「心つかひのありさま」（『浄土宗略抄』真聖全四、六一二頁）のことであって、具体的には、『観無量寿経』の至誠心、深心、廻向発願心の三心を指しますが、『選択

本願念仏集』の三心章に、

三心は是れ行者の至要なり。所以はいかん。経には則ち三心を具するものは必ず彼の国に生ずという。明らかに知んぬ。三を具して必ずまさに生を得べし。釈には則ち若し一心かけぬれば即ち生を得ずといえり。明らかに知んぬ。一もかけぬれば是れ更に不可なり。茲に因って極楽に生れんと欲わんの人は全く三心を具足すべし。（真聖全一、九六六頁）

と説くように、浄土の行道の必須条件でもあるわけです。この三心の内容は、究極的には深心、すなわち、信心に統摂されるものであって、それは仏道への趣入の基本的な因子であり、それはまた、称名念仏の修習のための根本的な用心、心構えを意味するものでありました。

次の起行とは、善導によって創唱された読誦、観察、礼拝、称名、讃歎供養の五正行を指しますが、この五正行とは、それ以外の雑行に対すれば殊勝の価値をもつものであり、しかもまた、それはついには称名一行に帰結するものであって、この称名行こそが、仏願に順ずるところのまさしき浄土の行業だというわけです。かくして源空における行業とは、いちおうは五正行を明かすとしても、帰するところは称名一行の専修を主張します。その点、現世をすぐべき様は念仏の申されん様にすぐべし。念仏のさまたげになりぬべくば、なになりともよろづをいとひすててこれをとどむべし。いはく、ひじりで申されずばめをまうけて申すべし。妻をまうけて申されずばひじりにて申すべし。住所にて申されずば流行して申すべし。流行して申されずば家にいて申すべし。自力の衣食にて申されずば他人にたすけられて申すべし。他人にたすけられて申されずば自力の衣食にて申すべし。一人して申されずば同朋とともに申すべし。共行して申されずば一人籠居して申すべし。衣食住の三は念仏の助業也。これすなはち自身安穏にして念仏往生をとげんがためには、何事もみな念仏の助業也。（「禅勝房伝説の詞」法然全集、四六二〜四六三頁）

という言葉は、まさしく源空の仏道に対する基本的な領解であったわけでしょう。

また作業については、善導が明かすところの長時修、慇重修、無余修、無間修の四修をいいますが、『選択本願念仏集』の四修章によれば、源空における称名念仏の道とは、その生涯を貫くところの無間の行道でなければならなかったわけです。

又人ごとに上人つねにの給しは、一丈のほりをこへんとおもはん人は一丈五尺をこへんとはげむべし。往生を期せん人は決定の信をとりてあひはげむべき也。ゆるくしてはかなふべからずと。（「聖光上人伝説の詞」法然全集、四五八頁）

という文は、源空の念仏生活の姿勢をよく物語るものでありましょう。源空は日日六万遍ないし七万遍の称名念仏を行じたとも伝えているところです。

かくして、源空における浄土の行道とは、心行相応の道として、三心、五正行、四修、さらには深心、称名、無間の道でしたが、すでに源空が、その『一枚起請文』の中で、

ただ往生極楽のためには南無阿弥陀仏と申せば、うたがひなく往生するぞと思とりて、申すほかには別の子細候はず。ただし三心四修なんど申す事の候は、みな決定して南無阿弥陀仏にて往生するぞとおもふ内にこもりて候なり。（真聖全四、四四頁）

と明かすように、その安心、起行、作業の道、心行相応の道も、ついには称名念仏一行に摂まるものであって、そのかぎりにおいて、源空における行道とは、帰するところは、ただひたすらに称名念仏する道にほかならなかったわけでしょう。

そして、このようにもっぱら念仏を行ずれば、その臨終において、仏の来迎をえて見仏し、まさしく浄土に往生すると明かしました。しかし源空によれば、ことにその念仏の功徳が勝れたものは、平生において三昧見仏の境地を開くことができると考えていたようで、源空は、すでに平生において、何度も三昧見仏をえたと伝えています。このように、浄土の行道について、教法を深く信認し、称名念仏行を修めて、ついに三昧見仏をえ、命終の後に浄土に往生するという道は、もともと浄土教の伝統の理解でもあって、道綽、善導、

源信における行道は、いずれもそのような構造をもっているところです。ただ源空は、その念仏の功徳利益としての三昧見仏を、より一般化し、多くの庶民の道として、臨終における来迎見仏を教示したところであります。

四　信心と疑情の分判

1　本　文

還来生死輪転家
決以疑情為所止
速入寂静無為楽
必以信心為能入

生死輪転の家に還来することは、
決するに疑情をもって所止となす。
速やかに寂静無為の楽に入ることは、
必ず信心をもって能入となすといえり。

2　語句解説

「生死輪転の家」とは、私たちが住んでいるこの迷いの世界、生死しつつ輪廻する境界をいいます。「還来」とは、もとの迷いの世界に再び還ってくること。「決する」とは、それによって決定することをいいます。「疑情」とは、仏法に対して疑いの心を抱き、それに帰依しないことをいいます。「所止」とは、停止して前進できないことをいいます。「寂静」とは、煩悩が滅した平穏なる仏の「さとり」の世界のことです。「無為」とは、仏の「さとり」のことで、有為（まよい）に対する言葉です。「楽」とは、「みやこ」と仮名が付せられており、中心の場所をいいます。「信心」とは、ここでは仏道の初門的な能入位の信を意味します。「能入」とは、それを入口、スタートとするということです。

3　法味領解

親鸞はここで信心と疑情を対比して、

生死輪転の家に還来することは、決するに疑情をもって所止となす。速やかに寂静無為の楽に入ることは、必ず信心をもって能入となすといえり。

と明かします。これは伝統教学においては、古来、信疑決判の文といわれるもので、『選択本願念仏集』の三心章の、

生死の家には疑をもって所止となし、涅槃の城には信をもって能入となす。（真聖全一、九六七頁）

という文にもとづいてつくられたものです。ここで、「といえり」という理由であります。

しかしながら、ここで注意すべきことは、仏法を学んで、信心を開発したら仏の「さとり」の世界に入ることができ、それを疑惑したら「まよい」の世界に転落するといっても、私たちが迷界にとどまるのは、まったく私自身の煩悩、罪業の結果としてそうなるわけで、迷いの原因は、あくまでも私自身の責任によるわけです。しかしながら、古来、この文章を理解するについて、仏法、阿弥陀仏の本願を信じたら仏に救われて浄土に至るけれども、その本願を疑ったら迷いの世界に落ちる、というように解釈するものがいますが、それはたいへんな間違いです。もしも阿弥陀仏の本願に対する信心と疑惑によって、迷と悟、地獄と浄土が分岐するというならば、それは裁きの論理であって、キリスト教の信仰になってしまいます。仏法、真宗では、そういうことはまったく語りません。私が地獄にいくのは、あくまでも私の罪業、私自身の責任でそうなるわけで、もしも仏法を学び、阿弥陀仏の本願の教えを聞いてまことの信心を開くならば、地獄にしかいけないこの私が、よく浄土に往生して、仏の「さとり」を開くことができるというのです。そこでこの文章は、古くより「信疑決判の文」といいますが、そのような表現に問題があるわけで、ここでいう信と疑とは、いずれも仏道の初門、スタートとしての、能入位における信と疑の話であります。

すなわち、仏教における信心には、たんに仏法に帰入するという心的態度を意味する、初門的な能入位の信心と、まさしく阿弥陀仏の本願に「めざめ」るという、確かに仏に出遇ったということを意味する、能度位なる究極的な出世体験としての信心の、二種類の信心が説かれるわけですが、ここでいうところの信心とは、はじめの能入位、仏道趣入の意味での信心にほかなりません。

そのことをめぐって、仏教における信の教義的な解釈によりますと、部派仏教の理解では、天親菩薩の『阿毘達磨倶舎論』に、

信とは心の清らかさである。他の人々は（言う）（四つの）真理と、（三つの）宝（仏陀とその教法とその僧団）と、行為と（その）果報（との間の因果関係）と、に対する確信である、と。（梵本。桜部建訳、『世界の名著』二、三六八頁）

と説いて、信の意味については、第一義的な意味と、第二義的な意味があって、その第一義的、基本的な意味では、心が澄浄になることであるといい、第二義的、付随的な意味では、四諦、三宝、業の因果などに対する確信であると明かしています。そしてまた大乗仏教の解釈によれば、護法の『成唯識論』には、

いかなるを信となすや。実と徳と能とにおいて、深く忍じ楽欲して、心を浄ならしむるをもって性となし、不信を対治し善をねがうをもって業となす。（中略）忍とはいわく勝解なり。これすなわち信の因なり。楽欲はいわく欲なり、すなわちこれ信の果な

り。たしかにこの信の自相をのぶればこれ何ぞや。あにさきにいわずや、心を浄ならしむるをもって性となす。（大正三一、二九頁）

と明かして、信とは、実と徳と能に対して、深く信認し、楽欲し、心浄となることであるといっております。これは上の『倶舎論』の内容を、さらに詳しく説明したものです。ここで実を信じるとは、『倶舎論』の四諦をうけて、諸法の真理を信じること、徳を信じるとは、『倶舎論』の三宝をうけて、仏法僧の三宝を信じること、能を信じるとは、『倶舎論』の業の因果をうけたもので、修すべき善行の果報を信じることをいいます。そしてその信については、勝解、信認の意味があるが、それは信の因であり、またその信には、楽欲、意欲の意味があるが、それは信の果であって、まさしき信の自相とは、心が澄浄になることである、と明かしているところです。ここでいう心が澄浄の状態になるとは、それを原語にかえしていいますと、プラサーダ（prasāda）に相当するわけで、それは『無量寿経』の第十八願文およびその成就文の、「信楽」「信心歓喜」の原語にも重なるものであります。かくして、仏教における信とは、因の意味をもつ信認性、果の意味をもつ楽欲性を同時にともないながらも、まさしくは心が澄浄になった状態、そういう境地をいうわけです。

かくして、仏教における信とは、仏道における初門的な、能入位の位置を占めるものとしての、四諦、三宝、行業の因果などに対する、主客二元的、対象的な確固とした信認の意味をもちながら、また同時に、仏道における究竟的な、能度位の位置を占めるところの、主客一元的、主体的な澄浄、安穏なる心の状態、すなわち、三昧見仏に重なる境地を意味するわけです。すなわち、信とは、仏道の初門から究竟まで、能入位から能度位までの全体に通じるところの、幅の広い内容をもっており、いまここの文章でいう信心とは、その第二義的な意味での、初門的な能入位の信心を意味するわけです。それに対して、仏道の究竟的な能度位における信心をめぐっては、上の「第十二章　源信和尚を讃える文」のところで見たように、すでに仏法に帰入して、本願の仏道を学び、ひとえに念仏を行じているものについて、その行道の究竟としての、「めざめ」体験なる信心を開発しているか、そうでない疑惑のものかを分別して、執心牢固、真実信心のものは、報土に往生して成仏することができるが、執心不牢、本願疑惑のものは、化土に往生して長く成仏できないと、主張しているところに見られるものであります。この文については、古来、「信疑得失の文」といっております。

そこで源空における信の意味については、その『往生大要鈔』に、

信といはうたがひに対する心にて、うたがひをのぞくを信とは申すべき也。みる事につけても、きく事につけても、その事一定さぞとおもひとりつる事は、人いかに申せ

ども不定におもひなす事はなきぞかし。これをこそ物を信ずるとは申せ、その信のうえに歓喜、随喜などもおこらんは、すぐれたるにてこそあるべけれ。（真聖全四、五八六頁）

と明かすように、それは何らかの対象に対して、そのこと一定と思いとってゆるがない心、そういう決定の心を意味するものでありました。すなわち、源空において信じるということは、ひとえに対象に向かって無疑決定となる心的態度を意味するものであって、それはより具体的にいえば、称名念仏行の前提となるもので、その行業がまさしき浄土往生の道であると信認決定することにほかなりませんでした。したがって源空における信とは、基本的には、仏教における信の定義でいえば、第二義的な意味での忍許決定としての信認、信知であったわけです。

その点、親鸞が、その『教行証文類』の「信文類」において明かすところの信心と、源空が、その『選択本願念仏集』の三心章で明かすところの信心とは、まったく相違するものので、親鸞における信心とは、その究竟的な能度位の信として、称名念仏に即一して開発され、相続されるもので、それは行信一如なる信心でありましたが、源空における信心とは、初門的な能入位の信として、称名念仏の前提、その用心となるもので、信前行後の関係におけるものにほかなりませんでした。

かくして、源空における信心とは、どこまでもその行道の前提であり、行業修習のための用心でありました。その『選択本願念仏集』で、

当に知るべし。生死の家には疑をもって所止を為し、涅槃の城には信をもって能入と為す。（真聖全一、九六七頁）

と明かされるものは、まさしくそのことを意味するものであります。

五　七高僧の教えを信ずべし

1　本　文

弘経大士宗師等　　弘経の大士宗師等、
拯済無辺極濁悪　　無辺の極濁悪を拯済したまう。
道俗時衆共同心　　道俗時衆ともに同心に、
唯可信斯高僧説　　ただこの高僧の説を信ずべしと。

2　語句解説

「弘経」とは、経典、阿弥陀仏の本願の教法を弘めることをいいます。「大士」とは、菩薩のことで、ここでは龍樹菩薩と天親菩薩をいいます。「宗師」とは、真宗の祖師のことで、ここでは曇鸞大師、道綽禅師、善導大師、源信和尚、源空上人をいいます。「極濁悪」とは、きわめて煩悩が深く罪業が重い私たちのことです。「拯済」とは、人人を済度、救済することをいいます。「道俗」とは、僧侶と信者のことです。「時衆」とは、現代の人人ということ。「同心」とは、同じ心をもってということです。

3　法味領解

最後の四句は結勧の文章です。ここでは、龍樹菩薩、天親菩薩、曇鸞大師、道綽禅師、善導大師、源信和尚、源空上人の七高僧たちは、〈無量寿経〉の教えを明らかにして、かぎりなく多くの人人を救ってくださいました。いまの私たちは、僧侶であろうと信者であろうと、ともに同じ心をもって、この高僧たちの教言を仰いで信奉すべきである、というわけです。

すでに見たように、この「正信偈」は、その前の半分は依経段といって、釈迦仏の教説について明かし、後の半分は依釈段といって、インド、中国、日本の浄土教の祖師たちの教法について説いていますが、その依経段においては、それを結んで「如来如実の言を信ずべし」といい、また依釈段を結ぶについては、このように「ただこの高僧の説を信ずべし」と明かします。その点、この「正信偈」とは、阿弥陀仏の本願について説かれた釈迦如来の真実の教言と、その本願の内容について、それぞれ詳細に解説してくださった七高僧の教言とを、心して信受せよということを教示したものといえましょう。仏法を学ぶについては、こういう多くの先達の足跡をたずね、その教えの言葉に帰依し、それについて深く耳を傾け、聞思していくということが大切だと思います。

ことに現今のような、厳しい時代、社会に生きて、それぞれの人生における真実の幸福、安穏の生活を創造していくためには、何よりもその一人ひとりが、しっかりと自分自身の心を育てて、まことの自立をとげていくことが、もっとも肝要でありましょう。

以上をもって、「正信念仏偈」の、およその解説をおわります。

あとがき

東西本願寺をはじめとする、真宗教団の礼拝勤行の形式は、伝統的には、『浄土三部経』の経典読誦のほかに、主としては開祖親鸞の撰述になる、「正信念仏偈」を読誦するならわしとなっています。すなわち、今日でも真宗の各寺院、いっぱんの真宗門徒の家庭では、毎朝の礼拝には、この「正信念仏偈」を読むところが多いと思われます。真宗教団の人人にとっては、この「正信念仏偈」は、それほどまでになじみ深い聖典になっているわけです。しかしながら、東西本願寺教団の伝統では、門信徒に対する教化、伝道の現場においては、この「正信念仏偈」を用いることはほとんどなく、その布教は、もっぱら蓮如の『御文章』(『御文』)にもとづいてすすめられてきました。すなわち、いままでの真宗教団では、表には親鸞を掲げながらも、その裏では、ひとえに蓮如を語るという、二重構造を続けてまいりました。

本願寺教団は、どうしてそうしてきたのか。それには深い理由があります。それは親鸞が明かすところの真宗教義と、蓮如が語るところの真宗教義が、大きく相違しており、教団としては、親鸞の真宗にはいろいろと不都合なところがあって、蓮如のそれはまことに好都合だからです。

すなわち、親鸞の教えは、「こと」（動詞）として、主客一元論的、主体的、具体的に語られますが、蓮如の教えは、「もの」（名詞）として、主客二元論的、客体的、観念的に語られます。そのことはたとえば、「生きる」といえば、それは「こと」としての動詞であり、そこにはつねに主語がともないます。そしてまた、そこではつねに主体としての自己にかかわる他者が存在し、その両者は主客一元論的で、そのことについて説明するにあたっては、つねに自己を語らざるをえず、したがって自己責任が生まれてきます。それに対して、「生命」といえば、それはたんなる「もの」としての名詞であり、そこには主語は存在せず、そのことを説明するについては、何らの自己責任も生まれてはきません。まったく客体的に主客二元論的に説明できます。いまの親鸞の真宗は、つねに主客一元論的な「こと」（動詞）として、主語をもって主体的に語られ、蓮如の真宗は、つねに主客二元論的な「もの」（名詞）として、まったく主語なしに客体的に語られています。

たとえば、阿弥陀仏を明かすについては、親鸞によれば、「この如来、微塵世界にみちみちたまへり、すなわち一切群生海の心なり」（『唯信鈔文意』）と語って、ひとえに主体的に「こと」（動詞）として、この世界にみちみちて、私の生命の中にまで届いていると捉えます。まったく主客一元論的な阿弥陀仏をめぐる主体的な領解です。しかし蓮如によれば、「南無阿弥陀仏という名号には、一切の諸神、諸仏がみなこもり」「万善万行の總体」（『御文章』『御文』）であると明かし、まったく客体的に「もの」（名詞）として、そこには日本の天神地祇なる神々までがこもるところの、私が浄土に往生するための行体、パワーがおさまっている「もの」だと捉えます。まったく非仏教的、反親鸞的、主客二元論的な阿弥陀仏についての客体的な説明です。したがって、その阿弥陀仏に出遇うという信心体験についても、親鸞は、「信じる心のいでくるは智慧のおこると知るべし」（『正像末和讃』）と明かして、私における「めざめ」体験としての、新しい知見が開発してくることだといい、まったく主体的に「こと」（動詞）として捉えますが、蓮如によれば、その信心とは、「阿弥陀ほとけの御袖にひしとすがりまいらすおもいをなして、後生たすけたまへとたのむ」（『御文章』『御文』）と語って、まったく二元的、客体的な「もの」（名詞）として明かします。ことほどさように、両者は大きく相違しております。

かくして、親鸞における真宗とは、その信心が「智慧」、「めざめ」体験だと明かされるところからすれば、そのような信心を生きるということは、その必然として、私自身において、明確な責任主体を確立して生きていくことであり、その生き方が厳しく問われて、その日日の念仏、信心において、少しづつその人格主体が育てられてくることとなってきます。親鸞が、真実信心の人を、「仏に成るべき身と成った人」（『弥陀如来名号徳』その他）だと、繰りかえして明かすゆえんであります。そしてまた親鸞は、その真宗信心において、いささかでも人格を成長せしめて、まことの自立をとげていくならば、その日日の生き方において、世をいとう「しるし」、浄土をねがう「しるし」としての、まことの信心の「しるし」（証拠）が生まれてくると語っております。念仏者としての新しい生き方が成立してくるというわけです。これが親鸞が教えるところの真宗の仏道です。そのことは、親鸞の生き方と、その生涯を学ぶならば、充分に領解できるところでありましょう。その点、親鸞が明かすところの真宗の仏道とは、まことに深重にして、その道はきわめて厳しい道であるといわざるをえません。

それに対して、蓮如における真宗とは、その信心がもっぱら「たのむ」ことだと明かされるところ、その「たのむ」とは、相手の善意に期待して、それに全面的に依存する心情をいうわけで、そこでは何らの責任主体が成立することもなく、したがってまた、親鸞が教えるような、人格変容、人間成長ということは、たえて語られることはありません。まして念仏者としての信心の「しるし」を生きる、などということも成りたつはずもないでしょう。したがって、蓮如は念仏者がこの世を生きるについては、もっぱら世俗の体制論理に追随して、「王法為本」「仁義為先」の道を生きよと教えたわけです。いわゆる真俗二諦の教義です。これが蓮如が教えるところの真宗の仏道です。そのことは、蓮如の生き方と、その生涯を知るならば、よくよく分かってくるところでしょう。

かくして、ここまで解説したら、東西本願寺教団が、真宗信者を教化するにあたり、何ゆえに親鸞の教えを排して、もっぱら蓮如によってきたかという理由が、およそ理解できたことでありましょう。

その点、私たち真宗僧侶が、親鸞の教えたまことの真宗の仏道を、門信徒に向かって語り伝えることは、まことに厳しくしんどいことです。私が門信徒に向かって、真宗信心を生きるとは、人間が変わることであり、新しい自己に成っていくことだというのは、私にとってはまさに天に向かって「ツバ」するようなものです。まして念仏者は、信心の「しるし」を生きるべきだと語ることは、まことに矛盾きわまることです。まことにはずかしいかぎりです。そしてまた、真宗の教えを、主客一元論的、主体的に語るということは、つねに自分の責任主体を明確化しつつ、自分の信心を主語をもって語るほかはありませんが、そのこともまた、まことにつらくて、しんどいところです。しかしながら、そういう教化、伝道を、今日の大衆は願い求めているわけで、それにおいてこそ、よくまことの真宗者が育ってくるのです。まことの真宗信心を生き、それを伝えるということは、いかに厳しくつらかろうとも、そのことを語るほかはありません。仏法を生き、仏法を伝えるということは、本来的にそういうものなのです。これが親鸞が教えたまことの仏道です。心ある真宗僧侶のみなさんに期待するところです。

しかしながら、蓮如の教えた仏道とは、そういう真宗信心にもとづく人格変容も、人間成長も、まったく語ることはありません。まして新しく信心の「しるし」を生きるということは、すべて否定して、もっぱら阿弥陀仏を「たのみ」、それに依拠して生きよと教えるだけで、それはまさしく日本固有の「甘え」の心情を語るのみで、そういう布教は、何の責任もともなうことなく、まことに簡単、容易なことです。そしてまた、そういう真宗の教えを、主客二元論的、客体的に語ることは、いっさいの主語、責任主体が不用であり、何ら信心がなくても、すべて説明的に、したがってまた何らの心の痛みも感じないままに、気楽に語ることができるでしょう。かくして仏法を少々知っているならば、誰でも容易に布教できます。しかしながら、このように真宗のすべてを、主客二元論的、説明的に語るところでは、それを聞く門信徒にとっては、たんなる知的学習にはなるとしても、まことの信心体験を開発するということは、まったく望めないことでしょう。

かくして今日の教団の現場における布教、伝道の実態は、表には親鸞を掲げながら、その裏では、このような蓮如を語っているということではありませんか。まさに「羊頭をかけて狗肉を売る」（『愐言録』）とは、こういうことをいうわけでしょう。

現代の日本社会は、新自由主義なる政治体制のひずみによって、豊かな上層の人人とそうでない下層の人人との間に、さまざまな格差が生起し、多くの人人の日常生活には、厳しい不安と困難が噴出しております。東西本願寺教団は、こういう現代の大衆に対して、その精神生活を、いかに指導していこうとしているのでしょうか。これほどまでに複雑化し、将来が展望しにくい今日なればこそ、その一人ひとりにおいて、確かな自立をとげて、それぞれの人生を前向きに、力強く生きていくほかはないでしょう。それについては、もはや蓮如が語る「甘え」の信心と、それにもとづく真俗二諦の教義は通用するはずはありません。親鸞が教えるところの人格変容、人間成長の道、そしてそれにもとづくところの、信心の「しるし」を生きるという教えこそが、それなりの意義をもってくると思われますが、教団はそのことをめぐって、まことの親鸞の真宗を伝えるための、確かな覚悟と、そのための論理を構築しているのでしょうか。これからの東西本願寺教団は、すべからく体制追随の蓮如の信心ではなく、開祖親鸞が開顕したところの、まことの真宗信心の原点にたちかえって、現代社会に向かって積極的に発言し、行動してほしいものです。

私はいま、改めてこの「正信念仏偈」を拝読、領解しながら、この親鸞の教言、その真宗念仏の道について、深く感銘しつつ、現代社会の心ある人人に対して、この教え、この道をこそ、いっそうひろく伝達していきたいものと、ひそかに念願するところであります。

なお最後になってまことに恐縮ですが、このような企画刊行をこころよく領承、応援してくださった、法藏館会長の西村七兵衛氏と社長の西村明高氏に深甚なる謝意を表し、またその編集業務を推進していただいた、和田真雄氏と岩田直子さんに心より御礼を申し上げます。

二〇一三年六月一日

信楽峻麿

信楽峻麿（しがらき　たかまろ）

1926年広島県に生まれる。1955年龍谷大学研究科（旧制）を卒業。1958年龍谷大学文学部に奉職。助手、講師、助教授を経て1970年に教授。1989年より1995年まで龍谷大学学長。1995年より2008年まで仏教伝道協会理事長。

現在　龍谷大学名誉教授、文学博士。

著書に『信楽峻麿著作集全10巻』『教行証文類講義全9巻』『真宗の大意』『宗教と現代社会』『仏教の生命観』『念仏者の道』（法藏館）『浄土教における信の研究』『親鸞における信の研究上・下』『真宗教団論』『親鸞の道』（永田文昌堂）『The Buddhist world of Awakening』（Hawaii Buddhist Study Center）その他多数。

真宗聖典学④

正信念仏偈　真宗学シリーズ9

二〇一三年九月二〇日　初版第一刷発行

著　者　信楽峻麿

発行者　西村明高

発行所　株式会社　法藏館

京都市下京区正面通烏丸東入

郵便番号　六〇〇－八一五三

電話　〇七五－三四三－〇〇三〇（編集）

〇七五－三四三－五六五六（営業）

印刷・製本　亜細亜印刷株式会社

ISBN978-4-8318-3279-5 C0015